讲好
中国经济故事

中国国际经济交流中心课题组

中国言实出版社

图书在版编目（CIP）数据

讲好中国经济故事 / 中国国际经济交流中心课题组著. —— 北京：中国言实出版社，2014.9
ISBN 978-7-5171-0775-0

Ⅰ.①讲… Ⅱ.①中… Ⅲ.①中国经济—经济发展—通俗读物 Ⅳ.①F124-49

中国版本图书馆 CIP 数据核字（2014）第 199656 号

责任编辑：谷亚光

出版发行	中国言实出版社	
	地　址：北京市朝阳区北苑路 180 号加利大厦 5 号楼 105 室	
	邮　编：100101	
	编辑部：北京市西城区百万庄大街甲 16 号五层	
	邮　编：100037	
	电　话：64924853（总编室）64924716（发行部）	
	网　址：www.zgyscbs.cn	
	E-mail：zgyscbs@263.net	
经　销	新华书店	
印　刷	北京温林源印刷有限公司	
版　次	2014 年 10 月第 1 版　　2014 年 10 月第 1 次印刷	
开　本	880 毫米×1230 毫米　1/32　4 印张	
字　数	51 千字	
定　价	15.80 元　　　ISBN 978-7-5171-0775-0	

目录
CONTENTS

体用并举软硬兼施
努力把中国故事讲出彩

　　中华民族的伟大复兴是中国人民不断书写奇迹的史诗般的宏大叙事。以经济快速增长、综合国力不断提高和人民生活水平显著改善为特征，当代中国呈现给世界的中国故事正在深深地吸引全球的注意力，外部世界也从来没有像今天这样渴望了解一个"真实"的中国。由于主客观方面的原因，外部世界对中国故事存在着各种各样的误读、误解和误判。在全球化深入发展的条件下，中国故事不仅连着中国自身的历史、现实和未来，更关系到中国与世界各国共同发展这一重大主题，讲好中国故事是一个事关中国和平、发展、共赢的战略性问题。同时，从故事"讲述

1

者"与"听讲者"的互动关系来看，中国故事讲得好与不好，还涉及一系列当代国际沟通和全球传播中技术层面的问题。

近些年来，"软实力"概念为国际社会和越来越多国内人士所接受，中国的国家形象、公共外交等受到国内各界的普遍重视，社会各界做了大量的工作。北京奥运会以来，国家通过制作播放国家形象宣传片、推进媒体国际化和"走出去"等措施，取得了积极的宣传效果，中国的国家形象日趋正面。特别是新一届政府提出的"中国梦"、"打造中国经济升级版"以及"新丝绸之路经济带"，以形象生动的语汇向世界传达了中国信息，受到了国际社会的广泛认可和积极评价。应该看到，讲好中国故事绝不仅仅是国家对外宣传部门的事情，而是一个政府主导的，由政府、企业、社会组织和公民个人共同参与的事业，是一个需要从战略、思想到行动和措施各方面统筹谋划、协同推进的事业。

党的十八大提出"推进国家治理体系和治理

能力现代化"的总体要求，讲好中国故事、传播好中国声音，是在全球化快速发展、各民族文化深入互动融合条件下，创新和运用现代传播理念、方式、手段，实现中国国家形象的有效管理。着眼当代中国发展实际，面向未来中国发展需要，落实习近平总书记提出"着力打造融通中外的新概念新范畴新表述，讲好中国故事，传播好中国声音"的要求，当前还有许多问题需要研究，还有大量的工作要做。

一、讲好中国故事，是事关中国未来发展的重大战略性问题

（一）讲好中国故事，是回答国际社会对中国在当代国际格局变化中扮演角色追问的需要。近年来西方一些发达国家陷入现代市场经济、西方式民主政治和福利国家困境，全球经济重心东移和以中国为代表的新兴经济体群体性快速发展，给长期以来西方主导和支配地位的世界带来了强烈的震撼和不安。这种震撼和不安不仅体现为地缘政治和国家利益上可能带来的冲击，更促使西方世界重构对中国的认同，国际社会出现了中国"从何处来、向何处去"的深层追问。从历史上看，西方《圣经》里没有记载任何关于中国的内容，近代以前西方世界对中国的认知几乎是空白，这是戴高乐说中国是比历史还悠久的国度的原因。在西方世界看来，中国崛起意味着走出一条西方之外的替代选择道路，这将直接挑战西方世界普世价值神话。有国外学者指出，"国家形象对当代中国来说是最为根本的问题，假如把这个问题解决好了，那么许多其他困惑和难题都可以迎刃而解。国家形象问题是中国当前最为棘手的问题，国家形象在某种意义上将决定中国改革发展的前途和命运"。最近美国纽卡斯尔大学学者迈克尔·巴尔出版了一本书，名字叫《中国软实力：谁在害怕中国》，提出面对中国日益增长的经济实力，欧洲对中国的感觉"并非仅是疑虑，而是恐惧"。"恐惧中国"可能是西方世界的神经质，但作为当事方的我们如果完全置身事外，势必造成我们和外部世界关系的某种"恶性循环"。这一现象的出现给我们以深刻的警醒，它意味着中国快速发展过程中如果不能实现和西方世界的良性沟通，可能会使我们为此付出巨大的国际代价，比如，造成一些外国政府和民众本能地、粗暴地抵制中国的一切。讲好中国故事，就是当中华民族复兴在即的时候，就"我们是什么样的人"、"我们要做什么"、"我们可能给他们带来什么"等问题，给出清晰、严谨且有说明力的回答。

（二）讲好中国故事，是提升中国文化软实力的需要。美国哈佛大学约瑟夫·奈教授提出的"软实力"概念，受到国际社会和国内各界的广泛认可。所谓软实力是"通过吸引而不是强制或金钱达到目的的能力，它来自于一个国家文化、政治理念和政策的吸引力"，"成功不仅取决于谁的军队赢得胜利，而且取决于谁的故事赢得胜利"。软实力的核心理念简单地说就是"人随我欲"，即使人们（外国人或本国人）自愿跟随一国意愿发生思想和行为的改变，只有那些人们接受并转化为自己观念的文化才意味着产生了软实力。中国能否实现和平崛起，不仅在于中国自己的主观愿望和单方面的表白与诚意，更在于"他者"的认同与接受。

中华文化软实力的真正力量在于对其他民族和国家的吸引力、影响力和感召力。提升中华文化软实力，是我国积极参与国际新秩序建立、在全球确立中华文化与价值地位、全面提升中国国际竞争力的重大战略部署。同经济建设相比，多年来我们未能把文化软实力、中国话语权和中国国家形象作为战略核心问题来重视和推进。精彩的故事是一个国家形象的生动描写，是一个民族软实力的象征。今天讲好中国故事，就是立足国家软实力和国家重大战略利益间的关系，以多种方式、多重渠道来塑造正面国家形象，向世界展示中国民主、法治、繁荣、进步的现代国家形象，展示充满自信、雍容大度、以平等态度对待其他民族的中华民族形象，展示有着悠久历史、深厚文化积淀同时又不断创新、充满活力的中华文明形象。

（三）讲好中国故事，是给当代复杂多面的中国以清晰图式的需要。历史上像中国这样从农耕走向现代、从内陆走向海洋、从地区性大国将走向全球性大国的例子还从未有过。美国著名中国问题专家沈大伟称当下中国为"不完全大国"确中要害，中国有世界大国、发展中国家、新兴国家、社会主义国家、全球第二大经济体等诸多身份，西方世界对此只看一点不及其他肯定是不对的，但把这些特征或身份集中在一起，往往又让人看不懂。我们要讲清中国的历史传统、基本国情、制度优势、人民意愿和发展进步，同时也不讳言在我们的发展中面临的诸多问题。讲好中国故事，就是我们主动帮助西方世界把他们关于中国的"碎片化"形象有机地拼接起来，还原给外部世界一个真实的、清晰的、完整的中国图式。

（四）讲好中国故事，对世界具有重要的借鉴和指向意义。历史经验表明，任何大国崛起都需要以自己的话语体系提出新方案、解决新问题。中国在历史经验、文化传统和意识形态上同美国有显著区别，不可能同美国主导的国际体系"无缝对接"，这与英国、美国之间的权力接替和战后日本融入国际体系完全不同。金融危机以来，全球都在反思西方思想、文化和意识形态的缺陷，特别是全球经济正处于大调整、大变革之中，无论中国等新兴经济体，还是美欧日等发达经济体，都处于自身结构性改革的十字路口，全球发展的深层次矛盾问题呼唤新的思维方式和发展模式。作为超大型发展经济体，中国30多年来改革开放的成功经验和自成一体的发展道路，不仅给中国自身发展提供动力机制，为中国系统化难题和结构性矛盾寻求解决方案，也可以为诸多发展中国家突破自身体制困境、实现发展目标提供参照系；更可以给处于危机和资本主义衰落过程中的西方国家提供很好的改革借鉴。因此，从这个意义上讲，今后一段时间是中国经验、中国思想做出世界贡献的机遇期，也是中国融入并改变世界秩序的机遇期。有效发出中国声音，贡献中国智慧，提出中国方案，发挥中国作用，也是作为负责任大国，谋求中国利益与全球利益最大交集的具体体现。

二、三十五年来中国经济发展故事最丰富最精彩

改革开放实现了中国从"站起来"向"富起来"的历史性转变，正是经济发展推动中国实现世界角色的转变，改变原有的中国和世界的联系方式，促进了中国和外部世界相互间的重新认识。中国从 35 年前一个低收入国家，GDP 总量占全球总量的 1.9%，成为今天 GDP 总量占全球10.5%的第二大经济体、全球最大贸易国、第一大外汇储备国和第一大工业品制造国。可以说，中国经济持续快速增长是中国故事最为精彩的篇章，有关中国经济发展和改革问题一直是西方主流媒体关注的热点。习近平总书记提出的"中国梦"是中国故事的形象化表述："中国梦"寻求国内更加美好的生活，同时开放地包容更多国家

从中国快速发展中分享经济福利；"中国梦"不排斥承担更多的大国责任，但要求取得与承担责任相称的国际地位和影响力；"中国梦"愿意遵守国际规则和扮演信守承诺的大国形象，但要求在规则的制定和修改过程中获得与自身实力相应的话语权。

（一）中国经济发展故事是一个中国与世界合作、分享、共赢的故事。2000—2012 年，中国对世界出口额增量的贡献率为 15%（美国为 6.63%），对世界进口额增量的贡献率为 11.86%（美国为 8.53%）。2000 年以来，中国累计进口总额超过 11 万亿美元，为世界各国直接创造了至少上亿个就业岗位。根据世界贸易组织数据，2008 年至 2012 年，中国进口占全球进口总额的比例由 6.9%升至 9.5%。金融危机肆虐三年间（2008 年至 2010 年），全球进口总体萎缩 8.4%，中国逆势增长 23.3%，成为全球经济最有力的支撑者。目前，中国已与世界上 12 个国家和地区签署了自贸协定，贸易总额超过了中国进出口总额的 1/4，并对已建交最不发达国家近 5000 个税目商品实施进口零关税。中共十八大提出到 2020 年居民收入翻一番的目标，届时将释放 64 万亿元购买力，中国将成为全球规模最大且增长最快的市场。庞大的中国市场将成为引领中国乃至全球经济持续增长的新动力。最近中国提出建设"丝绸之路经济带"的主张，中国的经济增长将更多地惠及有关国家。

（二）中国不讳言发展中的困难和问题。中国发展确实面临不平衡、不协调和不可持续的问题，如贫富差距过大、资源环境代价过高、产能过剩等。前一时期中国经济放缓引起国际社会的高度关注，中国政府坚持实施稳增长、调结构、促改革的措施，打造内需增长型的"经济升级版"受到国际社会的积极评价。特别是"李克强经济学（likonomics）"一词一时成为全球解读中国经济政策的热词。"李克强经济学"完全不同于"安倍经济学"，"安倍经济学"是建立在无限量宽松货币政策沙滩上的海市蜃楼，美丽而虚幻、诱人而缥缈，注定是要破灭的。"李克强经济学"是建立在中国大地上的切实可行、行之有效的克难兴邦的经济政策、经济战略、经济模式，是科学的可持续的经济发展方式。中共十八届三中全会的"全面深化改革决定"，进一步显示了中国共产党决心继续写好中国故事的勇气和担当。

（三）讲好中国发展故事确实还面临困难。近年来随着中国实力上升，中国发展处境变差的问题日益凸显。中国是世界第二大经济体、第一大出口国、第二大进口国，引资规模全球第二，是世界上官方外汇储备最多的国家，是世界最大的加工厂，是世界铝矿石、铁矿石、铜矿石的最大消费国。但中国在国际经济领域中的重大关切没有解决。迄今为止，中国仍然没有被西方大国承认为市场经济国家，中国很多出口商品被课以高额反倾销税。美、欧、日对华军售禁令依然没有解除。中国在石油、铁矿石、稀土等领域缺乏应有的定价权，中国是世界上遭受贸易救济措施危害最多的国家，中国企业"走出去"频遭安全审查，困难重重。一些人批评中国是"选择性的利益攸关方"，或"毫不情愿的全球事项安排者"，认为中国根据需要把自己说成是"大象"或"蚂蚁"，不断"创新"有关中国形象的话语，不时抛出"中国威胁论"、"中国责任论"、"中国新殖民主义论"、"中国强硬论"、"中国傲慢论"等等，利用其舆论霸权肆意解读甚至误导国际舆论。西方对中国形象的"妖魔化"，使中国陷入国际舆论的被动应对之中。

三、讲好中国故事面临的困难和问题解析

（一）"故事"的传播图式及启示

讲好中国故事首先在于中国故事本身很精彩，但要达到"讲述者"所期望的理想效果，其中涉及一个复杂的跨文化传播科学和艺术性问题。著名国际政治学者汉斯·摩根索曾说过："别人对我们的看法同我们的实际情形一样重要。正是我们在他人'心境'中的形象，而不是我们本来的样子，决定了我们在社会中的身份和地位。"

中国经济故事

中国故事讲得是否成功，关键要看外部世界是否形成了我们所期望的中国形象。这里，有必要就"故事"的传播图式做一点分析。

良好的传播效果其实是讲述者和听讲者共同完成的。这其中包括两个系统：一是讲述者或称施为者系统，二是听讲者或称接受者系统。讲述者的信息发出后，接受者系统需要"获取或接收→过滤→整合→重构→认同或接纳"五个环节才能实现完整的传播过程。

从故事的信息来源来说，获取和接收表现为主动与被动的差别，这对传播效果是有影响的；过滤是接受者以自己的认知结构和价值体系对故事信息进行筛选的过程，如果故事本身与其认知结构和价值体系相距甚远，接受者很容易把这些信息过滤掉了；整合是授受者对新获得的故事信息，与其已掌握的原有对象主体的故事信息进行拼接的过程；重构则是新旧故事拼接后，对于新旧故事信息中的矛盾、不一致以及重合等部分重新给予逻辑解释，形成关于对象的"新故事"、

"新形象"的过程；最后是体现故事传播结果的认同或接纳，认同或接纳中的修正和增量部分，体现一次故事传播中实际效果，如果传播中没有接受者的认同或接纳，可以认为故事信息传播是失败的。

把一次故事传播过程进行简单打开，我们可以得到如下启示：

其一，讲述者和听讲者认知结构和价值系统的相洽程度较高，是共同或共通的价值系统实现有效传播的前提。

其二，就传播内容涉及的价值、事实和器物三个层面来说，价值层面的东西才是传播的最终效果和归宿；事实层面的东西，接受者一定会对其进行价值提炼，通过"入情"、"入理"实现"入心"、"入脑"；器物层面的东西与文化软实力关系不大，文化产业、文化产品不能与文化软实力简单划等号。伊拉克人一边迷美国大片，一边与美国军队展开军事对抗；美国和法国敦煌学者会说"我热爱敦煌，但我不喜欢中国"。同理，日本人使用汉字不等于中国在日本拥有软实力，韩国废除汉字不等于中国在韩国没有软实力影响。

其三，故事讲好需要入得人脑、赢得人心，其手段应该是吸引和劝服，强迫式地、单向地灌输往往效果不彰，有时其结果可能还适得其反。

（二）当前讲好中国故事面临的现实困难和主要问题

"故事"的传播图式给了我们一个很好的分析工具，今天我们所讲述中国故事，其实际效果与我们预期存在着较大差距，可以说有其客观原因，更有我们主观方面的问题。有"略"不够、"术"不精的问题，也有"软"的偏软、"硬"的不硬的问题。具体说来表现为以下几个方面：

1.中国与外部世界思维对接中的普遍性和特殊性。如何看待和处理中国发展道路、发展模式和发展经验的普遍性和特殊性的问题，按照传统"体用"关系范畴，属于"体"的问题。改革开放是新时期中国故事的开篇，是一个中国更加融入世界而不是孤立于世界之外的过程，是一个逐步摆脱狭隘和偏见的思想解放过程，是一个民主、自由、法治理念深入人心的过程。尽管对中国模式、中国道路、中国经验有各种各样的理解，中国特色社会主义、中国共产党的主流意识形态、中国传统思想观念，都给中国道路中的价值理念打上了深深的烙印。中国发展中的一元主导、多样发展、增量改革、中庸和谐等是中国发展道路的独特经验。同改革开放前相对封闭的社会主义建设时期相比，中国通过改革开放实现经济快速发展，实际上走出了一条更具普遍性而非特殊性的道路。从讲好中国故事的角度来说，中国模式、中国道路、中国经验应该是普遍性和特殊性的统一，中国模式、中国道路、中国经验中的特殊性应该是建立在普遍性基础之上的特殊性。中国特色社会主义道路既有中国特色社会主义的独特内涵，同样更反映了人类文明进步的共同成果。一个时期以来，国际国内关于中国发展的特殊主义观点大行其道，过于夸大中国独特的个性和特色，忽略中国故事所蕴含着的普遍性价值，弄得西方世界无所适从，有意或无意地出现"中国XX论"就不足为怪了。

党的十八大提出的富强、民主、文明、和谐，自由、平等、公正、法治，爱国、敬业、诚信、友善等社会主义核心价值观，体现了人类社会所共享的一些基本价值。尽管对社会主义核心价值观的概括还是初步的和规范性的，但是确立了尊重人类社会共有价值这一普遍性原则的基本方向。构建美好的中国国家形象，讲好中国故事，首先要弄清中国故事中蕴含着的普遍性和特殊性关系，讲清其中所体现的内在逻辑和价值取向。

2.中国与外部世界话语体系差异。长期以来中国和西方世界处于不同的话语体系之中，双方的概念、范畴和表述缺乏充分有效的融通和对接。中国经济社会发展取得了巨大成就，与之相比，我国的思想创造和国际影响力都较小，这与我国日益提高的国际地位极不相称。这其中有我们囿于自身体系"自说自话"的原因，也有在外部话语体系中我们自己没有能给出有思想性、有说明力解释的原因。外部世界基于其自己的认知框架，以片面的、零散的甚至是失真的信息来构造中国故事，其结果往往是谬以千里。

比如，我们强调应有道路自信、理论自信、制度自信，但在"所以然"上下功夫明显不够，中国思想成果与中国发展实践所取得的伟大成就相比极不相称，具有原创性的核心概念少，具有主导性的话语体系缺乏。目前对一些重大问题还没能给出历史和逻辑相统一的有力解释。比如，中国之所以走社会主义道路，不仅是因为资本主义在中国走不通。历史上，从孔夫子到孙中山，中国仁人志士追求的世界大同、天下为公等深厚的集体主义和朴素的共产主义传统的传承与延续，都是中国最终走上社会主义道路的重要原因。我们提出的社会主义市场经济，尽管逐步形成了理论体系，且实践证明其是行之有效的，但我们还没有给出基于学术概念和逻辑体系的科学、规范和严密的论证。我国的哲学、经济学、政治学、法学、社会学、新闻学等人文社会学科，基本上沿用西方学科体系分析框架，对当下中国每天发生着的生动鲜活的实践，还没有给出足够多的、有份量的研究成果。有的人把西方话语体系神圣化、把中国故事简单化，甚至个别领域出现了机械地用削中国之足以适西方之履的问题。

3.当代国际传播形势日趋复杂。转型和发展中的中国自身所具有的复杂性、多样性和多元性，客观上给西方一些心理不太健康的人以另一种解读，这背后时隐时现地会看到种族主义和"欧洲中心论"的影子。中国形象很多时候还是以"他者形象"出现，一些人秉持冷战思维，"为我所有"地肆意夸大或渲染所谓的中国人权、言论自由、意识形态、政治体制、官僚腐败、社会不平等、环境污染、食品安全等问题，蓄意制造关于中国的负面印象或脸谱化的国家形象。中国经济发展对世界贡献良多，可总有一些西方媒体偏执地把中国宣传成"国际秩序和规则的挑战者"，是"要用金钱征服世界的暴发户"。

当前国际传播竞争十分激烈。美英等西方传媒具有全球传播的强大影响力，占世界人口 1/7 的发达国家拥有世界新闻总量的 2/3。以美国为例，目前全世界至少有 65% 的信息源和信息接收终端来自美国，世界上流通的 80% 的文字和影像来源于美国，各国进口的电视节目 75% 来自美国，在世界传播的 300 多套卫星电视中，约有一半来自美国。美联社、路透社、BBC、CNN 以及《纽约时报》、《华盛顿邮报》、《泰晤士报》等是全球传播体系中发布中国新闻、塑造中国传媒形象的主体，目前世界各国传媒报道中国主要引用的新闻稿多来自以上通讯社和媒体。中国新华社规模现已是世界第一，但在国际传播体系中目前还无法与国际主要媒体抗衡。

长期以来，我国政府把"外宣"定位为与

"内宣"有别、机构和职责比较明确的一项任务。由于我国外宣媒体有限，与国际传播信息流缺少交汇点，且我国信息源相对封闭，有关中国的信息和声音长期处于"少"、"小"、"弱"的边缘状态。2008 年是中国对外传播出现实质变化的关键一年，当年的奥运会、拉萨"3·14"事件和"5·12"汶川大地震推动了中国信息源的对外开放，我们采取"有控制开放信息源"的做法，放宽了原来外国记者在华采访活动的一些限制，开始摆脱过去外宣媒体主导的单一模式，收到了非常好的效果。但近年互联网技术的发展正在催生全球新闻传播的革命，外国媒体对中国的"二次"传播出现新的变化。

近几年，特别是自 2010 年以来，博客（Blog）、播客（Podcasting）、即时通讯（如 QQ、MSN）、社交网络（SNS）、微博（Twitter）等为主要形式的自媒体快速兴起。世界上 50% 的人口在 30 岁以下，其中 96% 的年轻人已加入社交媒体，美国 Facebook 的周流量已经超过搜索引擎

Google。有关资料表明，近两年西亚北非地区的政治动荡，Facebook 和 Twitter 都发挥了不容小觑的作用。目前，西方国家的自媒体用户是形塑涉华自媒体舆论的主要力量，一些传统媒体人员成为自媒体时代的舆论领袖。2010 年《纽约时报》涉华报道 864 篇，引用网络信息篇目 63 篇；2011 年该报涉华报道 703 篇，引用网络信息篇目 101 篇，其对网络信息的引用比重比上年几乎增长 1 倍。值得注意的是其中观点表达部分，"支持政府举措"的引用比例最低、"不满政府举措"的部分较高。一些西方媒体开始有重点、有选择地引用微博等自媒体言论，官方媒体没有发出声音时，就到微博上去找；官方媒体已发出声音如果不相信，就到微博上去找反面证据。

4.故事讲述方式、手段以及知识和技能方面的不足。讲好中国故事需要有效的沟通作保障。从认知心理学来说，人类固有的认知模式会形成群内与群外的二元划分，以此形成人们对外部信息的认知和判断。一般来说，人们倾向于忽视群内成员与自己的差异，对所认定的群内成员易于形成正面判断，同时往往夸大所认定的群外成员与自己的差异，形成对群外成员不应有的偏见。我们要讲述好中国故事，要避免被外部世界视为"他者"或"异类"，就要学会运用同理心（empathy）进行换位思考，以一种外部世界可以理解、可以明白的方式进行沟通。

2004 年和 2008 年，美国公共广播公司（PBS）拍摄了两部关于中国的纪录片《红色中国》和《青春躁动的中国》，讲述从下岗工人、农村个体户到公司职员和创业海归等各行各业普通人在经济改革浪潮中的不同际遇，很多美国人看后觉得中国人也是和他们一样的人，改变了很多美国人对中国人的刻板印象。实践证明，往往是那些来自民间的、具体的、渐进式的交流效果较好，而自上而下的、抽象的、突兀式的宣传，其效果常常大打折扣。近年我国一些地方政府花大力气投入制作精品推介片，由于其宣传味道太浓，效果差强人意。还有文化价值观方面的差异，比如，中国媒体曾报道过一位丈夫在外服役的军嫂，为使丈夫安心工作，独自照顾生病的公公，公公最后去世也没告诉丈夫，而是选择独自承担一切。在西方人看来，这个故事的影响很消极，他们认为军嫂剥夺了丈夫在自己父亲去世前见面的机会，她的行为非常怪异。

5.传播渠道和传播能力有待提高。目前与西方强势媒体相比，我们在新闻采集能力、传播能力、辐射能力、技术装备能力，以及重大新闻的自采率、首发率、落地率和国际化人才方面都还有一定的差距。我们有自己的外语媒体，如中央电视台的外语频道，但还无法与西方主流媒体在塑造中国国家形象方面进行竞争。中国媒体从业人员达100万，其中有许多国内和地方报道的行家里手，但是真正具有国际视野、熟练掌握外语、能够全面清晰准确理解目标受众的国际传播人才严重不足。有外国观察者指出，中国经常显示出对西方媒体如何运作缺乏起码的了解。一位英国媒体编辑就曾质疑中国的官方新闻发布系统："发言人知道各个西方媒体具体发稿截止时间吗？他们认识这些媒体机构中的关键联系人吗？他们知道如何与西方记者建立定期的工作联系吗？"显然在这些方面我们做的还不够。

当今世界智库在观念创设和舆论引导方面发挥着重要作用，目前我国在国际一流智库建设上与美国等发达国家还存在着相当大的差距。前段时间国际上发布了《2012年全球智库排名》，中国智库（429个）在数量上排名第二，但仅相当于美国（1823个）的1/4。在全球前50个顶级智库中，中国只有3家入围。报告中关于最具创新性政策建议、最佳利用互联网和社会媒体、最佳利用多媒体技术、最佳对外关系与公众参与等项目排名则没有中国智库入选。

翻译是讲好中国故事的第一关。几十年来，我国外语教育、研究与应用能力显著增强。但是，由于受浮躁的学风和社会风气影响，高端翻译人才特别是小语种人才严重匮乏，受国际社会欢迎的中国文化翻译产品数量和质量都满足不了现实需要，不仅难以产生一批博古通今、中西兼修、学养深厚的大师和更多高水准的作品，而且有些翻译作品粗制滥造，严重损害了中国文化翻译产品的形象。

四、软硬兼施，多策并举，努力讲好中国故事

（一）制定战略沟通的国家框架。要把讲好中国故事上升为国家战略，使之成为国家安全战略的重要组成部分。借鉴奥巴马政府制定《战略沟通的国家框架》的做法，协调整合现有全国政协、外交部、中联部、教育部、文化部、中国人民对外友好协会、国务院新闻办、国务院侨办等部门的对外宣传职能，建议成立国家战略沟通和公共外交协调委员会，作为国家级形象塑造和传播协调机构。要逐步放弃已有的单向的外宣思维，从国际跨文化间互动和沟通角度来组织专门力量，对目前有关中国故事、中国形象的重大行动和事件，如孔子学院、国家形象宣传片等的实际效果进行跟踪和定量化研究，及时总结经验、改正不足；要坚持传播有效性原则，认真研究讲好中国故事所必需的主体、内容、方式、方法等问题，形成系统化的、有针对性的、细分化的工作方案和行动举措。

（二）加强关于中国故事的重大问题研究。组织人文社会科学方面的专门力量，就中国道路、中国模式和中国经验中，特殊性背后所体现的普遍性价值进行系统研究。对如中国特色社会主义、社会主义市场经济等重大理论问题，力争给出符合现代学术规范和表述方式的、历史和逻辑相统一的解释。要系统研究现代经济学、政治学、社会学、新闻学等西方主导的社会科学框架体系，努力创造出可以很好阐释当代中国国情和时代条件下丰富实践的新框架、新概念和新体系，以讲述好中国人自己的关于民主的故事、自由的故事、人权的故事和法制的故事，讲清一个概念，即中国特色社会主义道路不仅是一条符合中国国情的发展道路，也是一条符合人类未来发展需要的道路。中小学教材是一个国家的人民最先接触到的书籍，它很好地体现了一个国家主流价值观、思维方式，要借鉴美英等国经验，及时跟踪、收集不同国家的中小学教材，从中发现在讲述中国故事过程中应该注意或可资利用的东西。

（三）建立多元化多层次的话语体系。改变目前政府统一发声的模式，鼓励非政府组织等更多发出自己的声音。要善于借用国际平台，发出中国非政府组织的声音，真实展现各领域发生的新进展。据 2011 年民政部《社会服务发展统计报告》数据显示，到 2011 年，我国共有国际及涉外社会组织 582 个，占同期 462 万个社会组织总数的 0.13%。另据中国基金会网数据，截至 2012 年 8 月，中国拥有国际及其涉外组织类基金会 51 个，占 2744 个基金会总数的 1.9%。目前，我国涉外社会组织数量较少，传播能力不足。目前我国环保、人权等领域一些非政府组织，已经受到国际社会的重视。2005
年以来，"自然之友"等一些非政府组织积极
参与国际气候变化谈判的工作。2010 年 12 月坎
昆会议上，来自中美两国的 30 家非政府组织共
同起草、签署了《中美公民社会组织长期合作
协议》，展示了中国非政府组织在推动低碳发展
方面所做出的努力和尝试，发出了中国非政府
组织自己的声音，在应对国际环保压力的斗争
中发挥了独特的作用。当前，有必要为我国非
政府组织搭建国际交流平台，鼓励其参与国际
组织合作，使其在全球共同关注的重大问题上
发出来自中国的声音。

（四）整合各方力量，形成讲好中国故事的
合力。要培养官员的对外交流能力，有针对性地
对各级政府官员开展培训，使他们学会展示平
和、亲切的个人形象、学会讲故事，而不是讲那
些让人摸不着边际的口号式概念和抽象的数字。
要着力发挥企业、非政府组织和公民个人等多元
主体的对外沟通作用。要设立并举办好国际新闻

奖、国际电影奖、国际图书奖等引领和确立媒体政治"正确性"标准的奖项。要设立中国国际学术交流基金会，淡化政府背景，以民间资金为主，按照西方学界运作规则，资助西方学界对有关中国方面的研究，引领国际上有关中国重大问题的设置。要重点发展有国际影响的智库，增强其在服务国家战略中创设议程、引导舆论的特殊作用。要有意识地培育国际学术界有关中国故事的代言人和代理人。

（五）要学会以平和的心态讲述中国故事。要塑造更加开放、平等、自信和大度的大国心态，努力改变长期以来给国际社会形成的神秘、不确定、难以信任的印象，适应国际媒体聚光灯下的"微描"。努力改掉好面子的毛病，不过分在意别人的评论，少一些不顾实际的拔高或炫耀成绩。要适应"故事"本身的传播规律，以更多的笔墨讲述中国普通老百姓的故事。要学会令人信服地、更加平衡地讲述中国故事，能够客观看待自己、看待外部世界的反应，把一个既丰富多彩又充满复杂矛盾的转型社会真实地展现给世界。要懂得适当的负面报道并不会损害中国的国际形象，特别是要争取做到国内重大负面事件对外首发报道，掌握话语的主动权，变有关中国新闻的主体性信息源为我方的主导性信息源，提高中国媒体的可信度。

（六）培育具有国际竞争力的媒体集团。要加快国际一流媒体建设，打破美英等国家媒体垄断国际舆论的局面，及时发出中国声音，用中国话语、中国框架引导国际涉华舆论。逐渐打破新闻单位依照部门职能和行政级别设置的模式，审慎发展半官方的国际传播主体；突破政策限制，探索按照新闻规律和市场需求通过收购和兼并形成跨地区、跨行业、跨媒体的大型传媒集团。要加快媒体"走出去"的步伐，增加媒体在全球同行中的竞争力，进一步提高中国媒体的自采率、首发率、落地率，提高传播能力和效果。要加强新技术条件下自媒体传播特点和规律的研究，传统媒体应及时将触角延伸到更加广阔的新媒体领域，采取引导、渗透、借用的办法，发挥好自媒体在讲述中国故事的正面作用。要加强人才队伍建设，挑选和培养一大批熟悉全球媒体业、了解目标受众、精通外语和新技术的高素质国际传播人才投身到中国的国际传播事业中去。

坚守定力锐意改革
努力把中国经济故事讲出彩

一、聚焦中国——重重狐疑下的中国经济

近年来，国际社会对于中国经济未来走向的讨论热情日益高涨，质疑中国经济、"唱衰"中国经济之声不绝于耳。其中不乏一些著名的经济学家，如持续 20 年唱衰中国乃至整个亚洲经济的诺贝尔经济学奖得主克鲁格曼，有"末日博士"之称的纽约大学商学院教授鲁比尼。更有一些华尔街投资银行以其强大的专业背景，"非常认真"地不看好中国经济。产能过剩、影子银行、地方政府债务问题、房地产泡沫、未富先老等等，都是他们新一轮论证中国经济硬着陆、衰退论、崩溃论的重要依据。

但是，从过去 30 多年中国经济快速发展的实践来看，这些唱衰中国的经济学家，其"大胆假设"的勇气可嘉，而"小心求证"的功夫令人不敢恭维。此外，还有一个看似奇怪的现象，即国际上一些对中国经济增长前景持乐观态度的有识之士，他们的观点往往得不到重视，经常成为关于中国经济国际主流话语体系外不受欢迎的"另类"。

为什么会时不时地出现各种关于中国经济的唱衰论调？细究起来原因大致有三：一是中国经济成长本身的复杂性和特殊性。当下中国所发生的一切，可以说是人类历史上绝无仅有的伟大实验，从大国国情、政府作用、体制转轨以至于文化差异，人们可以找出一大堆特殊性的东西来，以发达国家经济增长的标准"范本"来看待中国经济，满眼都是落后的体制和扭曲的政策，这其实一点都不奇怪。但是，仅以其中之一点就得出中国经济即将硬着陆甚至是崩溃的结论，就难免有"盲人摸象"之嫌。其二，中国经济总量变大了，中国经济总量未来或将超过美国成为全球第一，带来了各种各样心态上的变化。人们不仅不能忽视中国经济，而且必须预测出，在不远的将来，世界经济格局会因中国经济发生怎样的变化，以增加提前应对的空间。最后，也许是更为隐蔽的目的，就是在中国经济开放程度日益提高的情景下，一些对冲基金之所以起劲唱衰中国经济，不排除制造混水摸鱼的机会，以从中牟利。

二、解答中国——中国故事不是中国神话

中国具有自身特色的经济转型和发展，确属人类经济史上的一个奇迹。这是因为它需要一系列不可或缺的要素存在，这些要素自然也就成了今天讲述中国故事的元素。这些要素没有超出发展经济学或增长经济学教科书的一般理论范畴，但它需要放在更大时空坐标中才能看得清楚。因此说，中国故事是一个成功故事，但绝不是一个脱离事实根基的中国神话。

（一）事实与常识——中国为什么实现了高增长？

人类经济高速增长作为一种历史现象，屈指算来也不过半个世纪的历史。世界著名经济史学家安格斯·迈迪森教授复原早期经济史的数据后发现，18 世纪以前的西方世界，人均收入翻一番几乎要 1400 多年。只是到了工业革命以后，随着技术的革命性进步，一些西方国家实现了当时看起来很了不起的人均收入 2%—3% 的年增长速度。二战后的东亚地区，日本和"亚洲四小龙"可以保持 7%—8% 的年增长率，这样 10 年就可以实现人均收入翻番，成为"东亚奇迹"。

那些断言中国经济高速增长即将结束的经济学家，常常拿日本和亚洲四小龙作为参照。日本经济增长实际上经历了两次"跳水"，按照购买力平价计算，上世纪 50—70 年代日本经济年均增速超过 9%，1973 年石油危机和美元与黄金脱钩后，日本经济增长率一下子掉到 4%，从此再没有回到之前的增长率水平。上世纪 80 年代末，日本经济又从 4% 下滑到 1%—2%，增长动力"熄火"。从战后到上世纪 70 年代，日本经济高速增长的黄金时期加起来不超过 30 年。台湾、新加坡和香港起步比日本晚，但差不多到上世纪 80 年代后期，也都逐渐告别高速增长时代，其高速增长阶段持续时间，大体也是 25—30 年。特别是，上世纪 70 年代日本经历了第一次石油危机，90 年代韩国和我国台湾受到了亚洲金融危机影响，这些经济体结束高速增长似乎都有相似的模式，即外部因素导致经济危机，经济危机看起来和高速增长阶段没有特别关联，却标志着自身经济高速增长的结束。

为了理解这些经济高速增长的现象，经济学家提出了一个简单而重要的概念，即"收敛假说"。其基本思想是，落后经济体可以模仿发达经济体的制度、技术和生产方式，实现经济的快速增长和赶超，而处于前沿的经济体因为没有可以追赶的对象，所以增长会趋缓。比如，1973—1990 年韩国和我国台湾保持 7.5% 以上的年均增长率，1990—2010 年两个经济体的年均增长速度超过 4%。当它们经济出现减速的时候，韩国和中国台湾的人均收入水平已经向发达经济体靠拢了，按购买力平价计算，亚洲四小龙人均收入水平接近日本的时间就是在 1995—2010 年。

但从现实情况来看，世界上落后国家中绝大部分没有实现经济快速增长所带来的"收敛"，这里更根本的问题是，收敛是有条件的。首先是加快资本积累，就是国民收入中用于储蓄和投资的部分要大幅度增加，国民收入不能都消费掉。新加坡、韩国和我国的香港、台湾地区上个世纪实现了经济高速增长，它们的储蓄率都比较高，无一例外。这可能与东亚文化中重视子孙后代的财富和幸福有关。今天的欧洲一些国家为什么经济增长停滞？一个重要原因是低储蓄率，政府每年甚至要举债用于消费和社会福利开支。世界银行在非洲尝试了几乎所有经济增长模式，目前无一成功，其中一个重要原因是储蓄率过低。

接下来的问题是，有了较高的资本积累就一

定会实现经济的快速增长吗？实行计划经济体制的前苏联也有很高的资本积累率，但其经济的高速增长只是昙花一现。其原因是实现经济持续快速增长，需要资本积累过程伴随有足够的技术进步。因为只有充分的技术进步，才能保证一定的资本边际回报率，才能使增长真的变得可持续。

中国在过去的 20 年里保持了较高的投资率，使得中国的资本存量快速增加。过去 20 年，中国的资本存量每年增长 12%，高于改革头 10 年，所以这个时期也是中国经济增长最快的时期。更重要的是，中国资本积累加快的同时，技术也在加快进步。过去 20 年中国的进出口贸易增长非常快，中国的技术进步在很大程度上得益于贸易，中国的贸易扩张主要是通过外商在华直接投资（FDI）实现的。通过进口资本品和中间品，以贸易和 FDI 为途径吸收和消化国外的技术，逐步实现技术的本土化和技术升级，是中国技术进步的基本模式。

衡量技术进步最简单的方法是看全要素生产率（TFP）的增长率，即产出增长率大于各投入要素加权增长率的部分。经济学家对前苏联的全要素增长率进行过测算，发现1965年之前的全要素生产率还不错，1965年之后就出问题了。而东亚国家的全要素生产率都很好。研究发现，中国在高速资本积累期间依然保持较好的TFP增长率，中国的TFP增长率大于年平均在3%—4%之间，对GDP增长的贡献在35%—40%。伴随着资本积累过程，市场开放、竞争、贸易扩张和外商直接投资增长推进了中国的技术进步。

（二）现实之惑——中国经济增长的不解之"解"

近些年，中国经济成为国际经济学领域中的"显学"。应该看到，相当多的经济学家对中国经济都推出了非常有见地有水准的研究成果。作为一个结构复杂、转型急速的大型经济体，中国经济发展背后有其相对特殊的逻辑和机制，某些数字或现象背后往往隐藏着复杂的经济含义，简单地凭借某些现象就得出一个很明确的结论，往往经不起推敲，不可避免地犯以偏概全的错误。一些经济学家有关中国经济衰退、崩溃的各种预测之所以"失手"，这是其中一个重要原因。

纽约大学鲁比尼教授曾讲："中国经济的增长是靠出口和巨大的固定投资支撑的，高储蓄和低消费是一个不可持续的增长模式。"这一看法几乎是海内外对中国经济的主流看法，中国出口、消费、劳动收入占比、投资效率以及创新能力，都是经济学家关注和讨论的焦点。

1.出口。中国的出口额占 GDP 之比已经超过40%，据此一些人便得出中国经济增长严重依赖出口的结论。姑且不说 GDP 包含的是出口与进口之间的贸易余额，其实中国的出口多为来料加工出口，加权后的出口附加值率平均只有 30%，一些出口增长最快的行业，附加值率大体只有10%，中国出口对 GDP 增长的贡献并没有看上去那么高。

2.消费。中国当前出现了统计上消费占比下降的现象。其实，经济学中根本不存在一个适合所有国家的最优消费占比。更重要的是，尽管在统计惯例上，房屋投资是计算到资本形成而不是消费支出，但事实上由于生活观念等因素的影响，中国城市房屋的自有率超过85%，远超过一些西方发达国家。对于购房自住的家庭来说，这就是最大的消费，合理的办法是把这笔开支分摊到每一年。从统计工作角度来说，目前缺乏计算推断租金的可靠资料系统，现有的统计数据显示，中国家庭房屋支出占家庭消费开支之比约在7%—8%之间，这一比例肯定是被严重低估的。

3.劳动收入占比。劳动收入占国民收入比重下降，被看成是中国经济增长不可持续的因素。全国的劳动收入占比不过是各省占比的加权平均，如果看各省的劳动收入与国民收入占比情况，我们会发现：工业化和城市化水平较高的省份，劳动收入占比比较低；农业占比比较高的省份，劳动收入占比往往较高。仔细分析不难发现，中国总体劳动占比下降，是现阶段工业化和城市化加快推进情况下经济结构升级的积极结果。将来随着服务业在各省经济结构中比重提升，就可以看到劳动收入在整个国民收入当中份额的上升。

4.投资收益率。增量资本产出率（ICOR，平均投资率／平均增长率），即增加单位总产出所需要的资本增量，是衡量投资效率的重要经济指标。增量资本产出率提高，说明增加单位总产出所需要的单位资本增量加大，投资效率下降。1981—1990 年中国的增量资本产出率为 3.86，过去 20 年中国增量资本产出率为 4.06，可以看出，中国的投资效率虽略有下降，但总体变化不大。能够做到这一点实属不易，因为随着经济发展水平提升和人均收入提高，增量资本产出率是呈上升趋势的。

5.技术进步。从经济发展的国际经验看，技术和产业结构升级与人均收入的提高存在有显著的正相关关系。过去 30 多年，中国产业结构变化非常明显，中国出口产品的复杂程度也在持续上升。哈佛大学罗德里克教授研究发现，从中国出口产品的技术复杂程度来看，中国已大大高于现有相近人均收入水平的国家。或者说，与中国出口产品种类相类似的国家，其人均收入水平都大大高于中国。中国现有出口产品技术复杂程度下的人均收入水平，要比现实中国人均收入水平高出 3 倍才对。

2010 年，世界贸易组织和日本亚洲研究所合作完成的关于亚洲主要国家贸易模式变化的报告得以问世。该报告估算了包括中国在内的日本、印尼、韩国、中国台湾、泰国、马兰西亚、菲律宾、新加坡 9 个经济体贸易加权的出口品国内附加值率，即出口价值里国内附加值所占的比重。其结果是：中国大陆出口品中包含的国内附加值率为 63%，高于新加坡（42%）和台湾（53%），与泰国（65%）和韩国（63%）相近。可以看出，中国出口品中的技术含量和附加值在亚洲主要经济体中已不算落后，中国在制造业领域的技术进步和结构升级表现并不逊色。当然，作为新兴工业化国家和新兴市场国家，同美国、日本等发达经济体相比（出口品国内附加值率为85%左右），中国的技术进步和产业升级能力还有待提高，特别是在资本密集和技术复杂行业的附加值率上还有相当的差距。

（三）体制优劣之辩——制度的适用性和可变性最为重要

如果说，数据与事实部分地回答了中国增长奇迹的话，要更深层地"解答"中国，就一定要引入现代经济增长不可或缺的一个因素——制度。自从罗纳德·科斯和道格拉斯·诺斯等把制度引入经济分析以来，在当代经济史和经济增长分析中，制度变迁既是理解某一社会（经济体）经济发展的一个非常重要的原因，也是不同经济体间可资比较的观察视角。

在一些经济学家对中国经济分析的各种论调中，细究起来，总会发现其背后思维存在着一个通用的、标准化了的"制度范式"，他们以此拿来分析中国，发现中国是不完全"合辙"的。在这方面，他们不免有削足适履之嫌，不愿去放弃他们手中标准制度的"鞋样子"，由此推断出"当下糟糕的体制将把中国引入崩溃"之类的高论了。

其实，世界上根本就不存在超越具体经济增长情境的标准"制度范式"。脱离现实经济发展阶段，来谈论一种制度的优劣，是没有意义的。真正重要的是制度的适用性和可塑性。所谓"可塑性"，是指一种制度能否让体制随着经济发展阶段的变化而变化，让体制能够及时去适应不断变化了的经济发展阶段。

印度是被人拿来和中国做比较最多的国家。在西方观察家眼中，印度的体制有许多可圈可点的地方。这些年来，辛格政府充分认识到改革对印度经济增长的重要性，也出台了许多重要改革的思路与方案，但成效甚微。日本尽管在上个世纪六、七十年代取得超常的经济增长，但由于其体制缺乏可改革性，最终还是陷入了之后 40 年的低速增长。今天欧洲一些国家的主权债务危机，背后是福利国家和民主制度之困，其改革的结果将直接影响到其能否尽快走出危机。

（四）转型之痛——走向未来必须过的"坎"

关于中国经济前景的分析不时出现一些肤浅的聒噪，发达的媒体充当了不动大脑的放大镜和舆论宣传站，一些经不起分析和推敲的观点往往大行其道，占据了国际媒体的主流话语地位。一些经济学家习惯于用教科书上的均衡和最优化概念的逻辑来考虑、观察和判断现实经济现象，作为逻辑分析的基准这没有错，但对于快速增长经济体的研究，如果过于教条和生搬硬套这些概念和原理，那就大错特错了。一个关于经济结构平衡或最优化均衡的静态理论，是不可能直接用于解释经济增长的。

20 年来，那些认为中国经济走在十字路口的言论不绝于耳，依照这些观点，中国经济已闯过了一个又一个十字路口，而这次又重新到了一个十字街头。当前中国经济正进入从高速增长向中高速增长转型换档期，这是世界上所有国家在经历长时期经济增长后都会遇到一个阶段，早期发达国家如此，后来的亚洲四小龙也如此。今天又有一些人根据影子银行、地方政府债务、房地产泡沫等问题，高调唱衰中国，我们当然不能掉以轻心，但也不必惊慌失措。

中国的影子银行与发达国家有很大的不同。发达国家的影子银行基于高度发达的金融市场，主要是房地产贷款衍生品、证券化及再证券化的投资工具，其衍生结构复杂，杠杆率高。中国的影子银行是在金融市场化程度不高、存在利率管制、正规金融资源供不应求的情况下，市场规避金融监管以满足投资需求的产物，实际上是社会投资多元化的表现。大量的影子银行产品投入对象是实体经济，杠杆率也在可控范围内。解决影子银行问题，当下要防范借短贷长、期限错配带来的风险，其治本之策还在于加快金融改革，推进地下资金的阳光化。

地方债问题同样需要客观、辩证地看。中国在经济发展起步阶段与亚洲四小龙不同，四小龙经济发展初期大多有美国援助或美元贷款，中国地方政府要推进工业化和加快资本积累，只能通过招商引资来解决。外部投资者"用脚投票"的偏好显示，使得地方政府必须下大力气改善本地的基础设施和公共服务水平。可以说，物质基础设施的持续大幅改善，是支持中国经济过去 20 年快速发展的重要基础。今天中国的地方债务尽管存在局部违约风险，但总体风险可控，债务水平仍是世界主要大国中最低的。

中国房地产是国内外高度关注的领域，目前房地产在一些三、四线城市形成大量的"库存"。在经济增速回落和流动性趋紧的情况下，房地产金融风险应被高度重视。目前看，我国房地产杠杆率不高，没有房贷衍生证券，房贷大多在房价七成以下，考虑过去 10 年房价持续上涨因素，银行的房贷也并不集中于房价高点上。房价即使出现一定程度的回调，也不会对金融系统的按揭贷款带来较大的风险，更不会如某些机构所预测那样耸人听闻。

三、放眼中国——寻找中国经济未来增长的动力源

经济增长中的短期问题和长期趋势是紧密相联的，但又有所不同。考察和预见中国未来的经济增长，必须对中国未来发展的成本条件和需求条件作理性客观的分析。我们可以看到，当前支撑中国经济高速增长的成本条件正在发生急剧的变化：农业剩余劳动力的转移速度明显放缓，工资在持续上升，义务教育的普及使得低技能劳动力的比重持续下降；工业用地成本大幅上升；人民币升值趋势不会改变，贸易摩擦也在加剧。从需求条件来说，明显还找不到证据来证明其将发生不利的变化：2013 年中国进出口总额超过 4 万亿美元，未来中国的出口潜力和竞争优势依然巨大；随着收入水平提高和城镇化速度加快，中国国内的消费增长和消费升级只会加速不会减弱；工业化、城市化、信息化和农业现代化释放的投资需求至少可以维持 15—20 年。

同所有先行国家一样，随着经济总量增大，中国经济增长率出现适度下调是正常现象。中国经济从高速增长下调至中高速增长，不仅可以保证实现中国既定的经济发展目标，更重要的是提高经济增长的质量和效益。中国经济未来能否维持中高速增长，关键问题是要看中国能否从原有的增长模式成功地转换到新的增长模式上来。或者说，中国当前成本条件的新变化，能否成功诱导出新的经济增长模式，是中国经济避免硬着陆的关键。目前成本条件的变化正在倒逼中国经济结构转型，中国地域广阔，不同区位条件和发展阶段形成的多态发展模式，给中国经济转型创造了特殊的有利空间。尽管转型之中的阵痛不可避免，但随着各项改革措施的推进，我们有充分理由看好中国经济结构转型和升级的前景。需求条件的释放是中国未来经济持续增长的重要保证，中国不可能出现如当年日本那样经济增长率大幅跳水的情况。

（一）新的成本条件——经济调整和结构变化的催化剂

一个经济体的长期增长潜力是由长期供给因素决定的，这些长期因素包括资本形成能力、劳动力数量与年龄结构、人口受教育程度、研发投入和技术进步的速度，以及制度改革等。从增长源泉来说，一个已经持续增长的经济体出现显著而持久的减速，主要是全要素生产率的减速或停滞带来的，这是因为当一个国家的人均资本水平不能像过去那样持续而快速上升的时候，只有全要素生产率增长是 GDP 增长唯一可靠的动力。如全要素生产率不能增长，那么当人均资本高位回落后，经济增长的动力就将逐步消失。

实现增长模式的转型，需要鼓励经济结构的多样化。当然，结构调整和升级不是一个早上就能完成的。目前，中国的劳动力和资本正在地区间发生快速的流动，长三角和珠三角的大批企业在向内地流动，服务业在东部地区的发展势头强劲。这是一个结构调整的积极信号。产业转移可以促进中国经济平稳过渡、保持在高速轨道上，而且将对中国未来全要素生产率的提高做出贡献。

作为中等收入国家，中国未来20年人均资本水平仍然有巨大的上升空间。以2010年年底数字来看，中国的资本存量大约是93.3万亿元人民币，相当于13.8万亿美元，而美国在2010年底的资本存量是44.7万亿美元，中国与美国相差至少3倍。如果按人均计算，中国的人均资本存量大约1万美元，不到美国的10%，大约相当于韩国的25%。可见，未来20年中国的投资机会依然巨大。

一些人关于未来20年中国经济增长必将大幅回落的预测，其实都是夸大其词。这些预测都是建立在"中国的全要素生产率在未来不太可能继续增长"的假设前提基础上，其实这种情况发生的可能性很低。人所共知，中国接受外商投资的态度比那些人均收入更高的东亚经济体都要开放，而技术进步与贸易和直接投资密不可分。中国出口技术含量和技术复杂性程度，尽管因为加工出口占比高的原因部分被高估，但其持续提高是不争的事实。中国目前已进入科技起飞阶段，现在的研发投入占 GDP 比重已接近 2%，并以每年 6%的速度增长，这一增速与韩国和新加坡相当，在世界上属于最快的国家。从长远来看，考虑到中国在教育、科技和人力资本上的基础优势，若中国继续坚持开放贸易和投资政策，积极参与全球产业分工，消化转移技术，不断加大自主研发投入，则中国在技术阶梯上实现快速上移、产业持续升级，未来在一些领域站到技术前沿是可以期待的。

（二）自身的雁阵模式——中国实现增长平稳转型的天然机制

日本的教训是经济学家用以对比中国的重要例子。日本之所以出现经济增长率大幅度跳水，是因为其经济超高速增长长期严重依赖出口。日本经济的"刘易期拐点"出现于上世纪 60 年代，美元与黄金脱钩后，日元大幅升值，日本出口遭遇滑铁卢。由于日本经济属于出口导向型，其生产结构与产能与国内市场需求不相匹配，使得日本企业在国内市场上难以找到应对外部条件变化的缓冲余地。日本国内服务业过于封闭，受到政府高度保护，加剧了其经济转型困难，迫使大批日本企业逃离本国以求生存。

从中国的现实情况看，中国的成本条件变化不可能像当年日本那样猛烈，对经济影响也会温和得多。不同于小的经济体，中国拥有自己的雁阵机制来缓冲成本条件的压力，中国内部的地区差距造就了巨大的投资生产率改善空间，中西部地区经济发展可能是中国经济增长模式平稳转型的支撑点。事实上，即使整体上中国进入中等收入阶段，中国内部地区之间经济发展水平依然有巨大的差异，中国的东部与中西部地区的人均资本存量与人均收入差距非常大。以2009年数据为例，沿海11个省市的人均GDP和人均资本存量比内陆20个省市几乎要高1倍，按目前发展速度推算，内陆地区至少需要20年才有望收敛于沿海水平。近年中国基础设施建设取得了很大成就，但与美国的差距还是相当大。因此，中国在两个经济增速模式之间出现转轨断裂是不可能的。

过去 20 年，中国东部沿海地区迅速地变成了一个连接世界市场的巨大加工平台，东部沿海地区吸引的外商直接投资占全国的 85%，出口更是占了全国的 90%。国际金融危机给中国经济带来的影响主要在东部地区，而中西部地区经济近些年在持续加速增长。这说明随着沿海地区成本条件变化，东部沿海地区的制造业正在向中西部转移，中西部地区对中国下一轮经济持续增长的引擎作用越来越强。

（三）城镇化——中国创造巨大内需的最大潜力所在

城镇化是中国扩大内需的最大潜力所在。目前中国的城镇化处于加速阶段，城镇化的快速发展将创造巨大的投资和消费需求，并将消纳巨大的过剩产能。2011 年，中国城镇人口首次超过全国总人口的一半，这对于中国来说具有重要的标志性意义。当前中国的城镇化发展突出地表现为"三个滞后"：一是城镇化滞后于工业化，2011 中国非农产业产值比重为 89.9%，非农产业就业比重为 65.2%，但城镇化率仅为 51.3%；二是人口城镇化滞后于土地城镇化，1996—2011 年，中国城镇面积由 1.3 万平方公里扩大到 5.3 万平方公里，增长了 3.1 倍，同期城镇人口从 3 亿人增加到 6.9 亿人，仅增长 1.3 倍；三是公共服务供给能力滞后于城镇化发展要求，教育、医疗等公共服务跟不上城镇化要求，市政公用设施和公共交通落后，很多城市面临交通拥堵问题。

目前中国城镇人口约 7.1 亿人，其中约有 2.6 亿农村转移人口没有完全市民化，享受不到与城市居民相同的基本公共服务。据有关调查显示，就全国范围内而言，一个农村转移人口完全市民化所需成本平均为 18 万元左右。考虑到未来中国还有 3 亿人口要进入城镇，全国累计约 5.6 亿人农村转移人口要实现市民化，粗略推算，总计需要 100 多万亿元，比近两年中国国内生产总值之和还多。

（四）基础设施投资和消费升级——中国未来发展诱人的"大蛋糕"

中国已经成为世界上最大的工业品生产国，成为世界上最大的城市人口国家。随着信息化、知识化加速和基础设施的发展，中国将成为世界上最大的信息社会和知识社会，成为世界最大的基础设施投资国和领先国，中国将拥有国际一流的高速铁路网、高速公路网、大型航空枢纽、超级港口和超级智能电网。

中国前一时期快速的基础设施改善，为中国经济持续发展提供了重要的物质基础。未来 20 年，中国基础设施还将有一个大发展。以铁路为例，按照规划，中国铁路里程到 2015 年将达到 12 万公里，也仅是美国 22 万公里的一半。过去 20 年，中国高速公路增长迅速，但按密度来算，仍低于整个 OECD 国家的平均水平。中国 500 万以上人口的大城市将近 100 个，现有的地铁里程 90% 集中在东部地区，目前 80% 的大城市没有地铁。

未来 20 年，中国将迎来消费的黄金时期，消费增长持续加速，消费结构全面升级。中国消费黄金时期由四大因素支撑：一是居民收入快速增长，实际消费能力明显增强；二是消费结构加快升级，进入全面消费时代；三是居民边际消费倾向上升；四是形成私人消费和公共消费相互促进的新格局。2010 年中国消费额为 2.7 万亿美元，有学者估算认为，2015 年中国消费额为 7 万亿美元，将成为仅次于美国的第二大消费市场；2020 年中国的消费额为 14.5 万亿美元，中国将取代美国成为全球最大的消费市场。

（五）科技和商业创新——推动中国经济增长的强劲动力

改革开放以后，中国利用对外开放，通过直接引进技术基础上的再创新、适用于本国市场需求的技术模仿创新和支持本国自主创新，科技水平得以快速发展。目前中国在航空航天、深海探测、大型计算机等领域技术发展已走在国际前列，高速铁路和特高压输电等方面具备产业和技术输出能力。

未来 20 年，中国将进入人口红利减少期，但教育、人才和科技领域的快速发展，将会为中国带来附加值更高的人力资源红利。到 2030 年，中国接受高等教育的人口将达到 3 亿人，各类专业技术人员达到 1.2 亿人，研究与发展折合全时人员达到 400 万人年，科学家和工程师达到 350 万人年，届时，中国研发人员占世界总量比重将达到 35%，相当于美国、欧盟和日本的总和。

当前，移动互联网正在引领一场中国社会商业模式的巨变。2013 年 12 月底，中国 4M 以上高速率宽带用户占比达到 78.8%，而 2011 年这一数据仅为 40%。2013 年，中国网民规模达到 6.16 亿，互联网普及率达到 45.8%，信息消费整体规模超过 2.2 万亿元，比上年增长 28%。随着 3G 普及、4G 推出以及移动设备和无线应用下乡，中国的广大农村将成为互联网发展的主力。

截止 2013 年底，中国已有 20 个网商数量达到当地家庭数量 10%以上，且电子商务交易额达到 1000 万元以上的"淘宝村"，这些村累计网店总数 15000 家，带动 6 万人直接就业，淘宝村正在成为中国农村未来新的发展方向，这是过去人们不敢想象的事情。"光棍节"已经成为一个拥有巨大商机的消费时点，"嘀嘀打车"正在改变人们的出行方式，"余额宝"正在引发人们关于互联网金融的大讨论……林林总总，让人应接不暇。谁也无法预见明天还会有什么新奇东西出现。

四、改革再出发——中国正走在正确的道路上

回顾过去 30 多年的发展历程，从邓小平南方讲话、加入 WTO，以及新一届领导集体正在全力推进的全面深化改革等中国所经历的大事件来看，我们相信，中国共产党能够在未来持续推进政治与经济体制改革。

中国共产党十八届三中全会指出，"经济体

制改革是全面深化改革的重点，核心问题是处理好政府和市场的关系，使市场在资源配置中起决定性作用和更好地发挥政府作用"。

计划经济体制下的苏联曾一度实现经济产出的高增长，也曾有经济学家对于"集体主义生产"给出精致完美的理论论证。尽管苏联有庞大的计算机辅助中央计划系统，有当时先进的科学技术，有丰富的自然资源和优良的人力资本，但它没有市场、没有分权、没有竞争、没有货币激励、没有信息扩散、没有企业家，更没有与其他发达经济体之间的贸易和快速的技术进步，其结局也就可想而知了。

过去 30 多年，中国的经济体制在适应环境变化方面保持了足够的弹性，成功避免了数次重大外部震荡对中国经济的冲击。今天，中国的市场化改革方向更加明确。中国政府有智慧也有能力应对自身政治、经济结构性矛盾，以及快速老龄化为代表的人口转变对经济增长构成的严峻挑战。耶鲁大学著名经济学家古斯塔夫·拉尼斯教授 1995 年总结东亚经济能够保持长期发展的成功经验时曾指出，"关键和具有说明力的一点是，决策者持久可塑性，总能在每个可以识别的增长转型阶段上应对变化的需要，从而做出政策的改变。由于这个可塑性，整个系统得以避免失去动力，并能在每个阶段的末尾重新驶入轨道……每个十年都有每个十年的挑战，每十年政府都能做出政策的改变"。拉尼斯教授所做的描述同样适用于中国，中国在改革上可以说做到了"持久的可塑性"。中国能够不断推进改革来避免结构性问题长期化，通过保持体制灵活性来确保未来 15—20 年的高增长。

（一）改革——中国经济发展的最大红利

改革是发展的最大红利，就是把制度创新放在政府工作重中之重的位置。新一届政府成立以来，明确提出要"打造中国经济升级版"。中国共产党十八届三中全会指出，"必须积极稳妥从广度和深度上推进市场化改革，大幅度减少政府对资源的直接配置，推动资源配置依据市场规则、市场价格、市场竞争实现效益最大化和效率最优化"。

新一届政府创造性地提出中国经济增长和通胀的"合理区间论"，只要经济增速不滑出底线、就业保持稳定，就不对经济进行强力干预。同时，把释放市场活力、增强发展动力和社会创造力作为改革的"当头炮"，先后取消和下放行政审批事项 416 项，取消和免征行政事业性收费 348 项，扩大"营改增"试点，改革工商登记管理制度。这一系列改革措施的出台，为民众吃了"定心丸"，全社会的经济活力充分迸发。

民生问题同样是经济问题。保障和改善民生，必须遵循"守住底线、突出重点、完善制度、引导舆论"的思路，就是要树立起一种"兜底"意识，政府不做超出经济发展阶段和财力状况的过多过高承诺，着重引导群众通过勤劳致富改善生活，同时发挥其引导群众消费预期、扩大消费的作用。

建设上海自贸区，更是发挥市场在资源配置

中决定性作用的关键一招。可以预见，今后三到五年，中国或将全面启动"负面清单"管理。这些将为中国东部地区转型升级提供强劲动力。

目前，丝绸之路经济带建设已提上日程。随着中西部地区人均资本存量的上升、人力资本的快速集聚，中西部地区的经济增长潜力和经济活动密集将持续增大。中西部地区的郑州、武汉、重庆、成都、西安、南宁等一批城市都将成为中国向西向南开放的桥头堡。

（二）从 GDP 锦标赛到改革锦标赛

一些人习惯于从总量上看问题，从合并的部门与地区总量上解释经济发展，这样总会忽略很多重要的东西。同西方发达国家现状不同的是，中国的经济活动是在行政区划里面被组织起来，地方政府被赋予本地经济发展的责任，这一点有点类似于早期的欧洲。中国今天的地方政府债务、产能过剩、城镇化"摊大饼"等问题与此有关，但中国经济的快速发展也得益于此。中组部已多次强调，要破除唯 GDP 论英雄的官员考核模式。随着当前中国社会各界改革意识空前高涨，蓄积起来的改革力量空前强大，地方政府将改展新一轮的改革锦标赛，这将是一场制度创新的竞赛。可以预见，一些长期以来一直没有解决好的"知易行难"问题和"既得利益"格局都将被打破。

五、结语

中国用三十多年的改革开放换来了一个一线大国的"坯子"，但这仅是序曲。有人把今天的中国比同二战结束后的美国，后者拥有当时全球最多的黄金储备、全球最大的产能和婴儿潮孕育着的全球最大潜在消费，前者今天有全球最多的外汇储备、全球最大的产能和农业人口市民化带来的巨大消费潜力。当时美国人干对了三件事——执行马歇尔计划，输出产能；建立布雷顿森林体系，树立美元霸权；培育庞大的中产阶级。今天，中国的深度城镇化、消费升级和人民币国际化正在启动。回首 36 年的发展历程，"一路荆棘，一路花香"，未来的道路当然也不会一帆风顺。中国政府强调坚持底线思维，下好先手棋，凝心聚力，不畏险阻。只要不出现颠覆性错误，中国定将在新一轮国际竞争中胜出，演绎出一篇精彩绝伦的古老民族再次复兴崛起的"中国故事"。

无边光景一时新：中国政府智慧协调
稳增长、调结构、促改革的精彩故事

当今世界，经济全球化和区域经济一体化深入发展，和平与发展仍然是时代主题，促合作、谋发展、图共赢成为各国人民的普遍愿望。改革开放三十多年，中国抓住全球化深入发展的重大机遇，以自身比较优势全面参与国际分工，实现了经济快速发展、人民生活显著改善和综合国力大幅跃升。中国经济改革开放以来三十多年的高速增长，是迄今为止世界上持续时间最长的高速增长，从 2000 年到 2010 年，中国超过西方七国中的六个国家，经济总量跃居世界第二。

中国以不同于西方的道路快速发展，给世界带来了相当的震撼。一个时期以来，有关中国的话题成为国际各种大小论坛的焦点议题，中国的发展也一直伴随着西方预言家唱衰的不和谐音。但是西方的一些有识之士还是从中国发展进程中看到了世界未来的变化趋势。有德国学者指出："中国在国际上扮演着十分重要的角色，没有北京的参与，任何全球性问题都无法解决。"有美国学者指出："全球化让世界变小，中国也让西方——其价值观、原则和标准——变小。"曾经提出"历史终结论"的美国学者福山主动修正自己的看法："中国模式的有效性表明，西方自由民主并非人类历史进化的终点，人类思想宝库要为中国留有一席之地。"

人们不曾想到，西方引以为傲的所谓完美制度，产生了始料不及的国际金融危机，这场危机给全球带来的影响广泛、复杂而深远。国际金融危机以来，世界经济复苏可谓一波三折，发达经济体深陷泥潭——主权债务危机缠身、失业率居高不下、经济复苏难见起色、人民生活大幅退步，自由市场经济、民主政治和福利国家政策相互掣肘，使其政治家即使想有所作为，也是举步维艰，一直以来标榜的"良政"变成"劣政"。一些发展中国家由于缺乏有效的结构改革，受发达国家宣布退出量化宽松政策影响，经济增长大幅下滑，印度、巴西和南非等"金砖国家"已被列为"脆弱国家"。

2012年可谓全球政治领袖"换届年"，各国新一届政府纷纷推进改革计划，其战略着眼点都放在尽可能快地适应全球政治经济大变革上，力图通过率先调整掌控先机。面对新一轮世界政治经济格局大调整、大变动、大重组，中国能否牢牢抓住大有可为的战略机遇期，成为事关为国家发展和民族振兴赢得主动、赢得优势、赢得未来的大课题。

正如美国耶鲁大学教授史蒂芬·罗奇所说，中国共产党的十八大三中全会《决定》是中国创建新模式的决心书和行动宣言。中国政府准确把握全球经济发展大势，保持战略定力，创新经济发展理念，积极主动作为，推出一系列既利当前、又惠长远的重大新举措。以敢为天下先、敢啃硬骨头、敢于涉险滩的精神，不失时机推进改革，以改革激发全体人民的创新创业热情，促进市场活力迸发，打造推动经济内生增长新动力，为中国经济行稳致远奠定坚实基础。

一、新挑战：爬坡过坎必须打"突围战"

有西方学者认为，2008 年国际金融危机比冷战结束更具有标志性意义。如果说 1989 年到 2008 年的 20 年是冷战结束后国际关系变动的过渡期，2008 年国际金融危机则真正开始了国际政治经济格局的深度调整。正是在这一期间，中国完成世界第一大出口国和世界第二大经济体两个重要指标，这一变化正在影响着全球大国关系和国际政治经济格局。

进入新世纪以来，全球经济、国际政治和世界科学技术几乎同时进入新周期，这一时期与中国 21 世纪前 20 年战略机遇期同步展开。中国政府清醒地认识到，中国面临的重要战略机遇期的内涵和条件正在发生深刻变化。经济全球化的驱动力、世界经贸格局、国际产业竞争和合作态势等都在发生重大改变，中国参与经济全球化的基础和条件也在发生变化，这些给中国发展带来巨大的机遇，也带来了未曾有过的挑战。

近年来，外需低迷成为新常态，多哈贸易回合谈判徘徊不前，全球贸易投资保护主义升温，经贸摩擦政治化倾向抬头。区域经济合作蓬勃发展，截至 2013 年 7 月，向世界贸易组织通报并仍然有效的区域贸易安排 249 个，其中 70%是近年出现的。目前世界贸易组织 159 个成员中只有 1 个没有参与区域贸易安排。《跨太平洋伙伴关系协议》、《跨大西洋贸易与投资伙伴关系协定》等自由贸易协定正在孕育。新能源、云计算、3D 制造、基因诊断与修复等新技术革命取得新突破，各国争夺产业和科技制高点竞争日趋激烈。美欧积极推进制造业回归和再工业化，发展中国家正形成比中国更加低廉的成本优势，中国制造可能处于"上下夹逼"的尴尬和危险状态。

从国内来说，长期以来形成的"高投入、高消耗、高污染、高速度"与"低产出、低效率、低效益、低科技含量"的发展模式难以为继。经济增长动力减弱，长期支撑经济快速增长的低成本优势逐渐消退，资源环境承载压力加大，人口红利日渐减少。受综合制造成本上升影响，中国传统优势产业开始出现向东南亚的一些低收入国家转移，在发达国家再工业化政策牵引下，一些中高端制造业开始向发达国家回流。此外，经济发展中城镇化质量不高、服务业比重偏低、区域间发展不均衡等一些结构性问题解决进展迟缓。

特别是，各级政府工作中形成了"GDP 至上"的错误观念，对经济增长速度换档缺乏科学认识和应有的心理准备，经济增速稍有波动即陷入恐慌。过于看重短期需求对经济繁荣的作用，惯于维持经济高增长下的短期刺激，"三驾马车"成为经济工作的口头禅。传统计划经济思维余绪仍存，经济工作不时表现出政府大包大揽的倾向。民间投资则是"有钱无处投"，一些领域"想进进不去"。社会上出现了一些耐人寻味的现象，称为"国考"的公务员考试，有的职位录取比例竟达到一比几千。

国际国内环境和条件变化，对中国改革形成强大的倒逼形势，中国经济的"现行版"已经到了非改不可的时候。面向未来的中国发展，已不能只满足于简单地纳入全球分工体系、扩大出口、加快投资的传统机遇，只有扩大内需、提高创新能力、加快经济发展方式转变，才能抓住稍纵即逝的新机遇，在风云变幻的国际经济环境中谋求更大的利益。在国际经济环境异常复杂、国内经济增长下行压力加大、经济结构性问题沉疴积弊重重的条件下，协调推进稳增长、调结构、促改革，作为一个艰难的选择被摆在了中国政府面前。

　　着眼于当下，布局于未来。新一届中央政府对经济形势做出了经济增长换档期、结构调整阵痛期、前期刺激政府消化期三期叠加的重要判断，提出中国经济到了"爬坡过坎"的紧要关口。"爬坡过坎"意味着不进则退，原地踏步亦不可得，退下来是"为山九仞亏一篑"，闯过去是"无限风光在险峰"。没有新理念、新思路、新举措，要想解决进入新阶段的发展难题是不可能的，只能迎难而上，向改革要红利。

　　打造"中国经济升级版"，是中国经济发展到新阶段为解决长期积累的结构性问题而进行的攻坚之举。打造"中国经济升级版"，就是要提质、增效、升级，着力推进经济增长从主要靠要素投入向更多依靠创新驱动转变，从主要靠传统比较优势向更多地发挥综合竞争优势转换，从国际产业分工低端向中高端提升，从城乡区域不平衡向均衡协调迈进。这是一场真正的"突围战"，是一场从思想观念束缚和利益固化藩篱中挣脱出来的战役，"壮士断腕"、"背水一战"，这是一场许胜不许败的战役。

二、新理念：放开"看不见的手"，用好"看得见的手"

处理好政府与市场关系是经济体制的核心问题。发挥市场在资源配置中的决定性作用和更好地发挥政府的作用，就要放开"看不见的手"、用好"看得见的手"，大幅减少政府对经济的直接干预与对资源的直接配置，发挥市场在资源配置中的决定性作用。新一届政府把简政放权作为第一件大事。过去很多经济活动需要政府进行审批，社会上有人说，政府"看得见的手"变成了"闲不住的手"。有人曾经画过行政审批的"万里长征图"，多的时候要盖一百多个章才能办成一件事，再加上各种检查收费，创业者不堪重负。为此，中央政府明确提出市场主体"法无禁止即可为"，政府则是"法无授权不可为"。2013年，中央政府下大力气已经取消和下放416项行政审批事项，为社会"松绑"。2014年，中国政府还将再取消和下放行政审批事项 200 项以上，重点集中在减少和下放投资项目审批、生产经营活动审批事项上。此外，还将取消评比达标表彰评估和相关检查活动，清理一些红头文件等提出的要求和限制性规定，让经济主体依法自主进行经济决策，进一步释放市场的活力。

创新宏观调控思路与方式。发挥市场决定性作用并不意味着政府无所作为。世界各国都面临着如何实施科学、有效宏观调控的挑战。过去政府经济调控的范围比较宽泛，使用的政策手段也相对较多，这在特定的时期对中国经济起到了积极作用。随着中国经济发展的内外部条件变化，宏观调控政策必须进行相应调整。中国共产党十八届三中全会明确了新时期宏观调控的主要任务，即"保持经济总量平衡，促进重大经济结构协调和生产力布局优化，减缓经济周期波动影响，防范区域性、系统性风险，稳定市场预期，实现经济持续健康发展"。清晰界定宏观调控政策目标和政策体系，提高宏观

调控可预见性和稳定性，不搞"出其不意"、
"朝令夕改"。

明确经济增长率合理区间。为了给调结构和
促改革创造有利空间，中国政府调高对经济下行
的"容忍度"，明确了经济增长的"上限"和
"下限"。"下限"就是经济增长7.5%，"上限"
就是3.5%的通胀率。中国是一个发展中大国，
要想实现经济发展目标，保证社会就业，需要
保持一定的增长率，不能低于"下限"。经济增
长的"上限"就是防止通货膨胀，物价上涨不
能超过3.5%。在中国物价统计方法中，三分之
一左右的权重是食品。中国的中低收入群众还
很多，城镇有2000多万、农村有5000多万人
口在享受低保，占全部人口的5%。如果通货膨
胀起来了，对这部分人的生活影响很大。只要
经济运行在合理区间范围内，就不对经济做出
一些大的政策调整。

顺势调控中国经济增长速度。过去35年，
中国经济保持了年均9.8%的高增长，这是人类

发展史上所不曾有过的。近几年，增长速度降到 7.5%左右，引发了一些人对中国经济将要硬着陆的担忧。从发展趋势看，中国经济持续高速增长的环境和条件仍然存在，但为了调结构、促转型，中国顺势而为，主动调控经济增速。新一届政府提出，中国经济进入"换档期"，开过车的人都会有感受，换了档位车速也会降下来，但换档一定是主动而为的。中国经济换档的原因，是没有必要再保持过去三十几年那样的超高速增长：一方面，超高速增长对资源、能源、生态环境和人的发展压力很大；另一方面，按照中国的发展战略，到 2020 年国内生产总值比 2010 年翻一番的目标，只需要年均 7%的增速就够了。中国经济增长速度再快一点，非不能也，而不为也。

三、新思路：相机抉择，多元平衡，稳中有为，稳中求进

一是把固定规则与相机抉择结合起来。中国政府坚持底线思维，根据经济形势相机抉择，采

取适当的经济政策实现预期目标。去年6月，中国金融市场资金出现罕见的紧张局面。当时市场上有很多谣言，有人把"中国银行间发生资金违约"改了一下，把"间"字划掉，变成了"中国银行发生资金违约"并发到互联网上。中国银行是四大国有商业银行之一，是具有系统重要性的大银行，如果处理不好，这点星星之火，可能会形成燎原之势。中国政府没有急于"放水"救市，既没有放松银根，也没有收紧银根，而是坚持保持适度的货币供应。因为在没有澄清事实的条件下，贸然行动放松银根，会形成抱薪救火的局面，很有可能酿成一场危机。中国政府在保持货币定力的同时，加大了信息公开和发布力度，引导社会预期和企业行为，最终化解了"钱荒"问题。中国政府坚持战略上保持定力，战术上积极作为，苦练稳增长、调结构、促改革三者协同推进的"平衡木"功夫。只要经济处于合理区间，就坚持宏观调控的固定规则，着力调结构促改革；经济越出合理区间，就根据形势相机抉择，采取适当的政策措施。

二是把短期调控与中长期增长结合起来。现代经济理论表明，宏观调控主要是需求管理，通过扩大需求来熨平短期经济波动。而长期经济增长则是供给管理，着力增加经济的有效供给，扩大生产可能性边界。市场活力是经济增长的内生动力，对于一个新兴经济体来说，经济增长不能完全依靠短期力量，靠需求刺激确能制造短期繁荣，但不可能产生长期增长的动力。新一届政府把化解产能过剩、加快实施创新驱动发展战略作为促进中国经济长期健康发展的重要工作。2013 年，中国政府出台了《关于化解严重产能过剩矛盾的指导意见》，提出大力培育新兴产业发展、加快实施创新驱动战略的政策措施。同时，创新工作思路，改变以往简单制止、抑制产能过剩的方式，实施京津冀协同发展等新区域经济发展战略，通过这些新经济战略区域的基础设施建设对产能的需求，来化解产能过剩。通过推动科技体制改革，来加强创新对经济发展的驱动。

三是把经济增长与民生改善结合起来。制国有常，利民为本。经济发展归根结底是为了改善民生，要坚持发展为了人民、发展依靠人民、发展成果由人民共享。新一届政府把保障和改善民生放在更加突出的位置，用新思维看待民生问题，民生不再被简单看成是负担、责任，也是"扩大内需"和"生产力"。惠民生方能顺民心，顺民心方能聚民力。接下来，中国政府将进一步加大财政投入力度，健全基本公共服务体系，促进社会公平正义，着力解决好人民群众最关心最直接最现实的利益问题，编织好兜住困难群众基本生活的安全网，确保网底不破，消除人民群众后顾之忧，使之安心创业就业。

四是把深化改革与扩大开放结合起来。改革开放是决定当代中国命运的关键抉择。改革与开放相辅相成、不可分割，改革为开放创造体制基础和内在条件，开放为改革提供经验借鉴和活力源泉。当前的改革已进入攻坚期和深水区，发展处于转型期和换档期，需要通过更高水平的对外开放，进一步推进国内体制改革，为经济长远发展再造成一个"开放红利期"。

磨好斧子才能劈开柴。新一届政府以经济体制改革为重点，从政府自身做起，把转变政府职能作为改革的突破口，通过开放倒逼国内改革，把中国发展纳入到全球发展大格局中来进行考虑。中国政府推动开放向深度拓展，设立了中国（上海）自由贸易试验区，为全面深化改革和扩大开放探索新路径、积累新经验。习近平主席访问中亚和东南亚国家，提出了"建设丝绸之路经济带、21世纪海上丝绸之路"的构想，是中国实施新一轮对外开放、促进区域协调发展的重大举措。中国政府也在积极打造中国—东盟自由贸易区升级版，与瑞士、冰岛等签署自由贸易协定，实施稳定外贸增长的政策，推动高铁、核电等技术装备走出国门。对外开放的持续推进，扩大了改革和发展的新空间。

四、新举措：用政府自身改革换取市场活力

随着中国经济增速回落和经济结构再平衡，转型升级与整合发力到了一个新的节点，中国正向全面放松管制的市场化转变，致力于打造高质量的增长战略，力争一步步把改革蓝图变为现实。

（一）以"制度红利"替代"政策红利"

制度变革催生的国家竞争优势最为稳定，也最为持久。进一步完善现代市场经济核心架构，是中国经济未来的最主要特征，其具体表现为：放宽外资准入，引导民间资本进入基础产业、服务业等领域，进一步激发民间投资和市场活力，营造更加透明、稳定、可预见的内外资企业公平竞争的经商环境，真正发挥市场配置资源的决定性作用。

（二）深化财税金融体制改革

在财税体制改革方面，主要是平衡两个"钱袋子"，即政府"钱袋子"和百姓的"钱袋子"，进一步稳定宏观税负，降低实际税收痛苦。建

立跨年度预算平衡机制与权责发生制政府综合财务报告制度。通过上收一部分事权、下沉一部分财权，构建实现中央和地方政府事权财权相互均衡的新体制。此外，还要创新政策性融资机制、提高投融资市场化程度，建立健全地方债券发行管理制度和评级制度，允许地方政府发行市政债券，这些将有利于化解地方债务的风险隐患。

在金融体制改革方面，中央银行要基本退出常态式外汇市场干预，建立以市场供求为基础、有管理的浮动汇率制度，增强人民币汇率双向浮动弹性。转变跨境资本流动管理方式，便利企业走出去。减少外汇管理中的行政审批，推动人民币跨境贸易结算、资本项目双向开放，有序提高跨境资本和金融交易可兑换程度。目前，我国已经与23个国家和地区签署了货币互换协议，过去三年来人民币交易规模增长逾两倍，人民币在全球贸易、投资、结算中的比重显著提高，已成为全球第八大交易货币，法兰

克福和伦敦相继签署人民币清算和结算谅解备
忘录。2014 年，金融改革依然驶向快车道，中
国将建立存款保险制度，继续放松存款利率和
资本项目兑换，进一步推动民间资本发起设立
和参股金融机构，真正解决金融末梢循环不畅
等问题，使金融体系更高效地为实体经济转型
升级服务。未来随着土地、劳动力、资本等生
产要素市场化进程的推进，改革这一最大的
"红利"将进一步释放。

(三) 构建层次多样的开放型经济体制

中国只有通过更大的开放，实现升级版的开
放政策，才能赢得新一轮开放的成功。党的十八
大以来，中国积极主动构建互利共赢的经济合作
网络，参与全球双边与多边贸易投资自由化的制
度安排，推动更高层次的对外开放对对内开放。
目前，中国已与东盟、巴基斯坦、智利、新加
坡、新西兰、秘鲁、哥斯达黎加、瑞士等国家和
地区签订了 12 个自由贸易协定，贸易总额超过
了中国进出口总额的 1/4，对已建交最不发达国

家的近 5000 个税目商品实施进口零关税，并正
与澳大利亚、海湾阿拉伯国家合作委员会、冰
岛、挪威、南部非洲关税同盟等进行区域贸易协
定谈判。

在全球治理改革举步维艰的背景下，中国
新一轮开放将为维护开放型世界经济和自由贸
易体制贡献自己的力量。中国将以建立中国
（上海）自贸区为切入点，实施准入前国民待遇
加负面清单管理，推进自贸区战略，使国内贸
易、投资、金融体制在更高水平上与国际规则
接轨。中国将着力建设面向国际市场的若干个
金融创新框架与平台，参与制定符合国际化、
法治化、公平化要求的跨境投资、贸易规则新
体系，为助推中国经济下一轮的长期增长铺平
道路。同时，21 世纪海上丝绸之路、丝绸之路
经济带也将立足于贯通域外、沿海、沿江、沿
边与内陆互联互通的大通道，着力打造全方位
开放的新格局。中国将积极推动 WTO 多边协定
《信息技术产品协议》（ITA）谈判，申请加入

服务贸易协定（TISA），并就政府采购协定（GPA）谈判积极开展工作，旨在进一步推动中国更好地融入世界体系。

国际经验表明，每一次席卷全球的经济危机都将带来全球产业结构的重构和重组，这是世界经济摆脱旧的增长周期、重新回复上行轨道的根本路径和必要前提。巨大的本土市场、完善的基础设施和齐全的产业配套，将使中国成为吸引全球跨国公司未来海外投资的首选目的地。为此，中国政府将进一步放宽外商投资准入，推进服务领域的投资自由化，将外商投资项目由核准制改为备案制，将外商投资企业合同章程审批改为备案管理。外资准入大门的进一步打开，将吸引更多的国外高级生产要素，如技术、人力资本等流向中国。同时，全球新一轮基建投资大潮，对通信、港口、交通等基础设施需求量非常大。中国资本"走出去"以及区域互联互通基础设施的国际合作也将促进全球互利发展，共享"中国机会"。

（四）积极稳妥推进城镇化，提高城镇化的质量和效益

全球化的世界把城市体系更加紧密地联结为一体，城镇化正深刻改变着世界、改变着人们的生活。中国正经历着一场前所未有的城镇化过程，1978—2013 年，中国城镇常住人口从 1.7 亿人增加到 7.3 亿人，城镇化率从 17.9% 提升到 53.7%，年均提高 1.02 个百分点；城市数量从 193 个增加到 658 个，建制镇数量从 2173 个增加到 20113 个。有学者称，中国城镇化和以美国为首的新技术革命将成为影响人类 21 世纪的两件大事，而这似乎正成为现实。中国仅仅用了三分之一个世纪就完成了三分之一以上人口的城镇化，就达到英国 200 年、美国 100 年和日本 50 年才能实现的城镇化水平，这一速度和规模都是史无前例的。

中国是当前发展中大国里唯一没有出现大规模城市贫民窟的国家，但城镇化也给我们带来了诸多挑战。中国还有相当一部分人群没有真正融

入城市生活，在 7.3 亿城镇人口中，有 2.34 亿农民工及其随迁家属未能在教育、就业、医疗、养老、保障性住房方面享受城镇居民的基本公共服务，城市内部的二元结构还将在一定时期内继续存在。

新型城镇化不同于以往的城镇化。新型城镇化首先考虑的是"化人"，而不是"造城"。20年后，中国将有十亿人生活在城市里，这意味着全球每 6 个城镇人口中就有一个是中国人，这一人类历史上最大规模的迁徙将是一次伟大的实践。但城镇化过程不能重数量轻质量，未来中国城镇化一定是能提升民生幸福的城镇化，不能让规划失策、发展失控、环境污染这些问题吞噬人们的幸福感。中国政府明确提出，城镇化要"看得见山、望得见水、记得住乡愁"。目前，中国新型城镇化规划已经出炉，这意味着中国城镇化将由"全面铺开"到"精耕细作"，国家将根据每个城市不同的资源禀赋，形成有特色的城市产业体系，强化城市间的分工协作，从而增强中小型城市的产业承接能力，实现就近的城镇化，打造活力之城。中国将顺应绿色循环低碳发展的历史潮流，将生态文明理念纳入城镇规划、基础设施建设、产业发展、能源供应、城市交通系统全过程。推进城乡统一要素市场建设，加快建立城乡统一的人力资源市场、建设用地市场，提升经济分工效率和规模效率，让中国的城市变得更包容、更具弹性、更善交往、更为积极和更加自由，这是我们努力并期待的共同愿景。

（五）加快实施创新驱动战略，创造中国未来发展的巨大潜力

中国经济仍有许多潜能没有发挥出来，中国要努力发现和培养创造力，挖掘新的增长驱动力。

古代中国曾是世界经济和技术的领先者，除了指南针、火药、造纸和印刷术四大发明，还有十进位制、赤道坐标系、瓷器、丝绸、二十四节气、茶叶、水稻培植、金鱼培育、冶铁

等技术革新与重大发明，这些重要发明创造不仅改变了古代中国的历史面貌，也改变了世界历史的进程。

在新的全球化时代里，中国同样不想在新一轮全球创新大潮中"袖手旁观"。我们不只会"中国制造"，更要"中国创造"。华为、联想、腾讯，这些中国自己的科技企业正在挑战各自领域全球市场上的领导者，在电信设备、移动设备和在线服务等领域各领风骚，并有望形成智慧灵巧的高效生产方式。此外，中国正在不断涌现出越来越多的中小型创新企业，中国政府坚持鼓励创新不动摇，积极加快创新驱动战略，大力培育新兴产业。

但与那些创新大国相比，中国的创新能力依然明显不足。世界是平的，创新是立体的。在开放创新已经成为当前趋势的背景下，如何解开创新的束缚，让创新的人才、产生创新的知识和促进创新的资本自由流动，让"中国创新"更好地融入全球创新网络、与全球进行创新对接，是中国要面对的重大挑战。

五、新局面：新一轮改革红利初显，经济社会发展出现积极信号

过去一年，困难比预料的多，结果比预想的好。中国的经济社会发展既保持了量的增长，更出现了多年没有实现的质的提升，说明中国经济结构调整的效果正在开始显现，中国经济长期以来形成的沉疴积弊开始得到扭转，自身内生动力和发展后劲增强。据最新的《中国统计公报》数据显示，2013年，中国消费对GDP的贡献率达到50%，提高了4.1个百分点；服务业占GDP比重达到46.1%，首次超过第二产业。与此同时，现代农业、新型城镇化、绿色能源体系、21世纪基础设施投资、人民币国际化，以及政府简政放权提高行政效率等一系列解放生产力的大举措已在中国全面拉开。中国巨大的需求将成为推动全球变革转型的雄厚力量。

（一）经济增长稳中向好

2010年中国经济增长是两位数，达到

10.4%。2012 年四季度中国经济同比增长 7.8%，
2013 年一季度经济增长 7.7%，二季度 7.5%，经
济增长率一路下行。尽管没有出台大的刺激政
策，但中国政府出台的一系列稳增长政策含金量
并不低。到 2013 年三季度，中国经济增速重回
7.8%，企稳向好势头明显。2013 年，发达国家经
济平均增速为 1.3%，发展中国家是 4.7%，中国
经济增长率为 7.7%，这一年，中国超越美国成为
全球第一贸易大国。2013 年，中国服务业增加值
占 GDP 比重达到46.1%，首次超过第二产业。服
务业量大面广，国家扶持各类中小服务业发展的
利好政策效果开始显现：过去 GDP 每增长 1 个
点能拉动就业 100 万人，现在能够拉动 130 万—
150 万人。在经济进入中高速回调的情况下，2013
年中国城镇新增就业 1310 万，创历年新高。

（二）市场活力迸发

2013 年，中国政府保持定力，集中精力抓
"转方式调结构"不放松。国务院全年召开 40 次
常务会议，其中 30 次议题是研究各领域的改革。

即使是其他议题，也是在用改革的精神研究和推进，一批货真价实、含金量高的改革政策相继出台，给社会民众吃了"定心丸"。扩大"营改增"试点，取消和免征行政事业性收费 348 项，为企业减轻负担 1500 多亿元。提高小微企业增值税和营业税起征点，使得 600 多万户企业受益。市场活力、发展动力和社会创造力迸发，全年新注册企业增长 27.6%，民间投资比上年增长 63%。长期困扰中国民营经济发展的"玻璃门"、"弹簧门"终于出现松动的迹象。2014 年 2 月 6 日，德国《法兰克福汇报》发表题为《中国真正的分量》的文章称："即便中国今年的经济增长速度减缓至 7.4%，中国对世界经济的需求贡献也差不多是美国的两倍。换言之，中国经济增速要降到 4.25%，它的需求才会与美国持平。"

（三）创新驱动发展动力增强

2013 年全社会研发支出占国内生产总值比重超过 2%，知识、技术创新工程顺利推进，超级计算机、智能机器人、超级杂交稻等一批关键技术实现重大突破。节能环保、新一代信息技术、新能源、高端装备制造、新材料等战略性新兴产业发展加快，第四代移动通信开始大规模商用，光伏、互联网等行业发展迅速。

与科技创新同样重要的是商业模式创新。随着互联网的出现，信息网络的开放性和灵活性为企业选择更多更复杂的运作方式提供了平台。由于硬件技术的易扩散性和生产的易模仿性，任何基于硬件的商业模式都不会长久，基于信息网络平台的商业模式成为企业商业模式创新的主流。事实上，信息网络正在引领一场中国社会商业模式的巨变。而在平安陆金所董事长计葵生看来，中国的市场规模、企业创新能力、创新动力、消费人群接受度等，会使中国在未来五年有望引领世界商业模式创新。

（四）社会发展步伐加快

解决好民生问题是中国政府执政的出发点和落脚点。民生问题是政治问题、社会问题，更是中国经济发展大棋局的重要一局。兜住民生底线，保障群众基本生活，可以增强社会安全感，拉动消费，促进社会创新创业。2013 年，中国继续提高城乡低保、企业退休人员养老金标准，启动教育扶贫工程，基本医疗保险总体实现全覆盖。中国各类棚户区居住人口大约有 4000 万人，其中 70% 是退休职工。加大棚户区改造是既惠及民生又拉动增长的大工程。2013 年新开工保障性安居工程 660 万套，基本建成 540 万套，上千万困难群众圆了多年的住房梦。

六、结语

这不是一个最好的时代，也不是一个最坏的时代，但注定是一个不同寻常的时代。世界经济已由危机前的快速发展期进入深度转型调整期，无论是发达国家，还是新兴经济体，低速增长态势仍将持续，需要共同面对挑战。全球化早已把世界经济连成一体，一国的经济治理不仅会影响本国经济的发展前景，也会以较强的溢出效应影响到周边乃至整个世界，加强各国宏观政策的协调与沟通，是世界经济发展的现实需要。

"夫国大而政小者，国从其政；国小而政大者，国益大。"作为一个负责任大国、新兴大国和开放大国，中国正在经历着的深刻变化用"转型"来概括已经远远不够。历史前进的车轮我们无法阻挡，面对如此巨大的挑战，要彻底解决金融危机之后全球发展的深层次矛盾，迫切需要新的经济学理论、新的经济学信仰和新的经济发展模式的出现。历史经验表明，任何大国都需要以自己的力量不断解决自身发展的特殊性问题。作为超大型发展经济体，中国不可能简单套用或拷贝他国经济发展的版本，中国遇到的问题是西方国家所不曾遇到的，也是中国历史上前所未有的。中国人从来不缺乏创造各种伟业的智慧、勇气和力量。只要从自身国情出发，坚持实事求是，尊重规律、勇于实践、富于创造，中国就能走出一条符合本国情的独特发展道路来，实现中国和世界的互利共赢。

2014 年，中国的改革开放已经走到第 36 个年头，在过去的 35 年里，中国完成了两次历史性的转变。按照世界银行的划分标准，中国于1998 年完成了从低收入穷国到下中等收入国家的转变。2010 年，又一次实现了从下中等收入国家到上中等收入国家的转变。未来中国要迎接的挑战、要克服的困难将会更大。"雄关漫道真如铁，而今迈步从头越"，中国的改革开放只有进行时，没有完成时。无论前方遇到多大风浪，中国的改革开放之路都将坚定不移地走下去。

探寻中国经济发展的新道路

一、中国经济发展的新成就

过去一年多时间，新一届政府注重改革的系统性、整体性、协同性，全面深化各领域改革，采取了许多改革举措，积极创新宏观调控方式，加快转变政府职能、深入实施简政放权，努力营造公平竞争的市场环境，增强了经济发展的内生动力，效益持续提高，结构不断优化，呈现出量增质升同步共进的良好局面。

（一）经济运行稳中向好

2013 年，中国国内生产总值达到 56.9 万亿元，比上年增长 7.7%，超过年初确定的 7.5%的预定目标，各季度增速总体在合理区间窄幅波动，并与全社会用电量、货运量等主要实物量指标相匹配。2014 年一季度，中国经济增长稳中趋缓，较去年同期增长 7.4%，但仍处于预期目标范围。从国际上看，与美、日、欧等主要经济体和印度、巴西、俄罗斯等新兴大国相比，7.5% 左右的速度在全球依然独领风骚。

（二）结构调整取得新成效

产业结构调整扎实推进，2013 年服务业占国内生产总值比重 46.1%，首次超过第二产业。战略性新兴产业较快增长，高技术制造业、装备制造业继续保持两位数增长，光伏、造船等行业调整成效初显。消费结构升级加快，2013 年全社会消费品零售总额 237810 亿元，比上年增长 13.1%，汽车销售连续五年位居世界第一。以互联网为载体的新消费节点、新消费热点和新支付体系层出不穷。全年电子商务交易规模约 10 万亿元，增长 25%；网络零售交易额超过 1.85 万亿元，增长 32%。投资结构进一步优化，中央预算内投资主要投向保障性安居工程和城镇基础设施、"三农"建设、社会事业和社会管理、节能减排和生态环保、自主创新和结构调整、欠发达地区等重点领域；民间投资积极性不断提高，全年增长 23.1%，快于整体投资增速，占全部投资比重达到 63%。产能过剩行业投资明显放慢，保障性安居工程积极推进。

（三）对外开放取得新突破

过去一年，以开放推进改革的格局初步形成，开放型经济发展水平实现了多年少有的跃升。设立中国上海自由贸易试验区，探索负面清单管理模式，成为这一进程的标志性事件。2013年，中国进出口总额突破 4 万亿美元，同比增长 7.6%，超过美国成为世界进出口第一大国。服务贸易进出口总额 5396 亿美元，同比增长 14.7%。前海、横琴、平潭、南沙四大平台开发建设成效明显，云南瑞丽、广西东兴等重点开发开放实验区建设加快，与东盟合作继续深化，以渝新欧为重点的国际货运列车正在为内地开放注入新活力。"丝绸之路经济带"和"21 世纪海上丝绸之路"战略构想正在着手落实推进之中。

（四）城乡区域发展呈现新面貌

城乡一体化发展稳步推进，2013 年，中国农村居民人均纯收入达到 8896 元，实际增长 9.3%，比城镇居民人均可支配收入高 2.3 个百分点，城乡居民收入差距由上年的 3.10 缩小到 3.03。2013 年，中国常住人口城镇化率达到 53.73%，比上年提高 1.16 个百分点。区域发展协调性增强，东部地区产业转型升级加快，中部地区长江中游城市群、中原经济区发展的聚集效应进一步显现，西部地区铁路、公路、水利等基础设施建设获国家重点支持。东北等老工业基地调整改造力度加大。欠发达地区生产生活条件逐步改善。皖江城市带、湘南、晋陕豫黄河金三角、连云港等承接产业示范区和国家东中西区域合作示范区建设取得新进展。

（五）减排、环保和生态建设新进展

全年单位国内生产总值能耗比上年下降 3.7%，单位 GDP 二氧化碳排放量下降 4.36%，万元工业增加值用水量下降 5.7%，化学需氧量、二氧化硫、氮氧化物排放量各有 3%—4%的下降。2014 年一季度，单位国内生产总值降伏幅超过 4.3%，主要污染物排放持续减少。天然林保护、京津风沙源治理等生态建设深入推进。

二、中国经济发展的新思路

中国经济发展的新成就，是在去年和今年复杂的世界政治、经济、社会和自然条件下取得的，来之不易。新一届政府一年多来努力探索中国经济发展新路，通过改革和政策创新，推动经济发展提质增效，实现了各项工作良好开局。

（一）积极简政放权，在更大范围内发挥市场的作用

改革开放三十多年来，中国的市场体系和机制不断发展，市场配置资源的功能和条件不断完善，发挥市场在资源配置中决定性作用的条件逐步具备，社会各界对此也有了共识。在国内外环境复杂、宏观调控面临两难的情况下，进一步强调市场这只"看不见的手"的重要性，更加重视发挥市场在促进经济发展上的作用，是一个必然

的选择。

新一届政府把简政放权作为第一件大事和"先手棋"，下决心减少行政审批。2013年中央政府取消和下放了416项审批事项，向社会、向市场释放了鼓励创业就业的积极信号，这一举措使得国内市场活力迸发，全年新注册企业增长了27.6%，民间投资比上年增长了63%，为复杂形势下完成全年经济增长目标起到了关键作用。

（二）创新宏观调控方式，更好地发挥政府的作用

发挥市场决定性作用不意味着政府无所作为。政府通过实施宏观调控政策，保持经济稳定，是现代经济理论的重要启示。过去中国政府经济调控的范围比较宽泛，使用的政策手段也相对较多，这在特定的时期对中国经济起到了积极作用。但随着中国经济发展的内外部条件变化，宏观调控的思路与方式也需要进行相应调整。新一届政府提出了经济运行合理区间的政策目标，明确了以财政政策和货币政策为主的政策工具，

以及遵循运行规律和相机抉择相结合的调控规则。去年中国出口大幅波动，经济持续下行，财政收入一度负增长，金融市场出现罕见的资金紧张局面，中国经济将要硬着陆的声音不绝于耳，谣言四起。面对跌宕起伏的经济形势，中央政府保持宏观调控政策定力，没有急于"放水"救市，也没有采取短期刺激措施，而是加大信息公开和发布力度，明确了稳增长、保就业的下限和防通胀的上限，明确提出：只要经济处于合理区间，就坚持调结构促改革；经济划破合理区间，就根据形势相机抉择，采取适当的政策措施。通过提高政策的透明度和可预期，引导经济主体的预期和企业行为，有效地化解了"钱荒"等突发性问题，也提高了宏观调控的可预见性和稳定性，有效地稳定了经济发展。

（三）坚持转变经济发展方式，提升发展质量和效益

新一届政府在做好宏观调控工作的同时，着重在优化结构中稳增长，推动经济提质增效升

级，促进可持续高效发展。

一是巩固农业基础，加强农业基础设施建设。2013 年中央财政用于三农支出合计 13799 亿元，中央预算内固定资产投资投向农业农村的资金达到 2214 亿元，占预算内中央总投资的 59.6%。出台措施鼓励商业性金融和民间投资投向农业农村。二是加快调整产业结构，推动三次产业协调发展。特别是鼓励发展服务业，支持战略性新兴产业，转变思路化解部分行业的过剩产能，推进节能减排和污染防治。三是加强基础设施建设。基础设施建设是政府在经济发展中可以大有作为的领域，不失时机地对全国基础设施进行建设和升级，是中国经济发展的一条重要经验。目前，中国以高速公路为骨架的干线公路网初步形成，高铁运营里程达到 1.1 万公里，居世界首位。水利、电网和信息基础设施能力增强。四是推进创新驱动发展。2013 年，中国的研发经费（R&D）支出突破万亿元，占国内生产总值的比重达到 2.09%。一大批关键技术实现了突破，有力地支撑了经济发展。

（四）促进公平正义，为经济社会发展保驾护航

中国政府始终把民生问题放在突出位置，注重制度建设，兜住民生底线。

一方面，尽管财政收支矛盾较大，但中国还是竭尽全力，在大学生就业、养老保险、社会救助、教育发展、医药卫生、文化事业和文化产业等方面，加大财政投入力度，解决人民群众最关心最直接最现实的利益问题。

另一方面，中国政府也转变思路，采取新的思维来看待民生问题。改变了普遍认为"民生是负担"的观念，通过支持、建设一批重大民生工程，既化解了部分行业的过剩产能、促进经济增长，又实现了改善民生的目标。比如，通过支持棚户区改造和保障房建设等保障性安居工程，来化解钢铁、建材、家电等相关行业的过剩产能，既实现了拉动投资和消费需求、扩大内需拉动经济增长的目的，同时也实现了改善民生的目标，

推进了新型城镇化建设。

（五）深化改革开放，为经济发展注入新的活力

中国的经济社会发展史，是一部与时俱进的改革开放史。新一届政府秉持改革开放的理念，推动改革开放向纵深拓展。全面深化经济体制改革，坚决破除各种体制机制障碍。探索准入前国民待遇与负面清单的管理模式，让简政放权的一举一动和实际效果都置于"显微镜"之下，接受全社会监督。中国政府着力清除市场壁垒，进一步激发民间投资和市场活力，营造透明、稳定、可预期的内外资企业公平竞争的经济环境。新一届政府实施更加积极主动的开放战略，全面提升开放型经济水平，其中的一个重要战略步骤，就是设立中国（上海）自由贸易试验区，并以此为切入点，推动国内贸易、投资、金融体制在更高水平上与国际规则接轨，参与制定符合国际化、法制化、公平化要求的跨境投资、贸易规则新体系。中国提出了建设丝绸之路经济带、21世纪海

上丝绸之路的构想，打造中国—东盟自贸区升级版，与瑞士、冰岛等签署自由贸易协定。实施稳外贸的政策，积极应对贸易摩擦，推动高铁、核电等技术装备走出国门。对外投资大幅增加，出境旅游近亿人次。开放的持续推进，扩大了中国经济发展的新空间。目前中国已经成为世界第一大货物贸易国，中国的发展离不开世界，也将惠及世界。

三、中国经济发展的新前景

中国经济三十多年来实现了年均 9.8% 的高速增长，创造了人类社会经济发展史上的奇迹。但中国发展到目前这个阶段，也暴露出了一些问题，最主要的就是经济发展的质量和效益不高，能源、资源、环境的瓶颈制约作用越来越明显，依靠高投入、高消耗的高速增长难以为继。由于土地、劳动力等价格上升，中国经济发展的成本优势也在相对减弱。产能过剩、影子银行、地方政府债务、房地产泡沫等问题确实存在，中国政府应高度重视这些问题与风险，并积极采取相应的政策措施来进行防范和化解。

与此同时，我们仍对中国经济继续保持健康持续发展充满信心。尽管中国经济可能不会像过去三十几年那样，实现两位数的超高速经济增长，但在"换档期"，中国经济仍将会保持7%左右的中高速增长。中国有条件成功跨越中等收入陷阱，实现经济转型升级，并能够成功化解经济中存在的风险与问题。我们对中国经济发展的信心主要来自于以下几个方面。

（一）中国过去几十年的发展积累，为经济社会进一步发展奠定了重要基础

改革开放以来，中国经济持续高速增长，创造了巨大的物质财富和精神财富，这是中国经济继续健康向前发展的重要支撑。目前，中国经济总量达到9.18万亿美元，位居世界第二位。中国银行总资产达到150万亿元，外汇储备超过3.8万亿美元。重大科学前沿和战略领域取得了一批重大创新成果。"神舟十号"载人飞船与"天宫一号"目标飞行器成功实施首次绕飞交会

试验，"嫦娥三号"探测器成功登月，首次在地外天体软着陆和巡视勘查。"蛟龙号"载人潜水器实现从深潜海试到科学应用的跨越。超级计算机、智能机器人、超级杂交水稻等一批关键技术实现重大突破，第四代移动通讯正式商用。与此同时，伴随着经济发展，中国产业结构调整持续推进，农业、制造业、服务业都实现了跨越式发展，特别是服务业占国内生产总值的比重已由1978年的23.9%上升至2013年的46.1%，首次超过第二产业，对经济增长的拉动超过工业部门。基础设施网络建设成效显著，薄弱环节得到明显改善，部分领域实现技术跨越。教育事业、医药卫生事业、文化事业和文化产业等也都健康蓬勃发展。这些物质技术财富积累，将持续推动中国经济社会发展，成为新财富创造的重要源泉。

（二）中国经济发展的潜力巨大，将形成参与全球竞争的新优势

尽管当前支撑中国经济高速增长的条件在发

生变化，包括土地、劳动力等成本不断上升，资源能源约束强化，国际贸易摩擦不断增多，但是中国经济的固有优势没有变，随着经济发展，新的比较优势也在逐步形成。一是中国储蓄优势依然存在。没有资本积累，便不会有持续增长。投资与储蓄结构是由特定的发展阶段、人口结构和文化基因所决定的。过去 35 年，对中国经济增长贡献最大的是资本积累，约占 60%左右，未来中国庞大的储蓄仍将成为经济发展的重要支撑。二是巨大的国内市场需求仍是可靠的比较优势。到 2020 年，中国居民收入再翻一番，将释放 64 万亿元的购买力，中国将成为世界规模最大的进口市场。庞大的中国市场将成为引领中国乃至全球经济持续增长的新动力，也将为中国未来优势的创造和传统优势的保持建立稳定的缓冲带。三是产业链和服务链优势将越来越突出。随着中国资源能源约束增强，中国产业逐步提升竞争力，向生产率要效益，向价值链的上游攀升。目前中国已经成为跨国公司的战略中心和决策中心之一，产业升级加速，这是中国发展的新比较优势。四是创新驱动形成了可靠的后发优势。中国走建设创新型国家的道路，通过建立高效能、现代化的国家创新体系，积极参与融入全球创新网络，大幅提高科技创新能力，将有效地突破资源要素瓶颈，改变粗放的经济发展方式，形成新的重要发展优势。

（三）中国经济发生结构性变化，会释放发展的巨大空间和活力

中国经济发展过程，也是中国经济社会结构不断变化的过程。从大的视角看，主要有三个方面的特点。一是区域结构。中国是一个有着960万平方公里土地的国家，各地区在自然条件，资源禀赋与发展基础等方面差异很大，经济发展程度差异也很大。但是也要看到，发展差距也蕴含着发展机遇，区域差距缩小的过程，也是发展潜力与发展动能不断释放的过程。目前，劳动力和资本在地区间流动加快，长三角和珠三角的大批企业在向内地流动，中西部地区正在以其资源禀

赋、产业结构和生产要素优势承接东部地区的产业转移，显现出快速发展的势头。2013年中西部地区的经济发展指标要显著快于东部地区。中国区域差距缩小的过程，将持续推动中国经济平稳发展，这是中国大型开放经济体的战略纵深。二是城乡结构。目前中国城乡之间发展差距还比较大。城乡居民收入还存在较大差距，2013年城镇居民人均可支配收入是农民人均纯收入的3.03倍，农村基础设施建设和社会事业发展滞后，农村生产生活条件差。但是城乡之间的发展差距，给中国的经济政策提供了巨大空间。中国的城镇化不仅将持续缩小城乡发展差距，还将释放巨大的投资和消费空间，将推动中国经济持续平稳健康发展。三是收入结构。中国的经济发展，使中等收入阶层显著扩大。中等收入阶层有恒产、有恒心，是社会稳定的积极因素，也能够为未来中国经济发展创造规模巨大的市场需求。预计未来中国的中等收入阶层还将扩大，这不仅为中国的发展，也会为世界带来重大机遇。

（四）中国坚持改革开放的基本国策，将持续释放经济发展动能

改革开放是强国之路，是中国经济发展的活力之源。中国过去三十多年的改革开放，极大地释放了生产力，使得中国经济发展取得巨大成就。改革开放没有止境，中国政府将继续坚持改革开放的基本国策，深化经济体制改革，全面提升对外开放水平。经济是依赖于资源禀赋的连续的动态演化系统，中国经济的今天脱胎于昨天，也孕育着中国经济的明天。这就要求我们既不能固步自封、不求变化进取，也不能浮躁盲动，采用超越发展阶段的治理模式和治理体系。中国政府将一如既往地随着时代和经济社会客观条件的变化，不断地扬弃不合时宜的发展方式，用壮士断腕的精神来推进改革开放。当然，改革是要触动利益格局的，但是改革是为了全体人民的利益，没有什么比这个利益更大，为此，中国政府将义无反顾。

（五）坚持走中国特色的社会主义道路，这是攻坚克难的政治优势

中国经济发展成就的取得，归根结底，是找到了一条符合自身国情特点的有中国特色的社会主义道路，既努力吸收了其他国家在经济治理和社会管理方面的文明成果与有益经验，也没有削足适履，照抄照搬他国的发展模式。道路要靠制度来保证，中国经济发展的实践充分说明，中国道路是正确的，制度是有效的。有了正确的道路与有效的制度，我们就能够专心致志地围绕经济建设来统筹中国的整个现代化进程，就能够根据中国客观的经济现实，而不是单纯依据某种理论来设计和推动中国的改革开放，就能够不断地深入探索和丰富人类经济社会发展的理论和经验，为全球贡献新的发展智慧。

四、中国经济发展的新战略

中国正在进入一个增长阶段转换和全面转型的关键期。在凝聚共识基础上，我们正在为新一轮改革开放寻找切入点和新动力，推动中国经济

高质量的发展。

（一）改革攻坚战略支撑高质量发展

改革开放是决定当代中国命运的关键一环，也是决定实现"两个一百年"奋斗目标、实现中华民族伟大复兴中国梦的关键一环。改革已经不能小修小补，零敲碎打，中国正在经历 30 多年以来最为全面和最为深刻的制度改革和结构调整。但改革又千头万绪，纷繁复杂，因此，必须找准目标，集中发力。一是要加快完善现代市场经济核心架构，有效调动企业和个人的积极性、创造性，培育经济发展新动力。二是要简化和规范市场准入规则，以负面清单制度为参照，放开市场准入，为非公有制企业进入垄断性行业、特许经营领域创造便利条件。三是要继续深化资本、劳动力、土地等要素市场改革，推进资源性产品价格改革，在利率市场化改革、发展多层次资本市场、农村土地制度改革试点等方面取得新进展。四是要创新现代服务业发展机制，构建新兴产业创业创新平台和激励机制。五是要继续加快结构调整步伐。促进经济增长一靠需求，二靠供给，中国经济将牢牢抓住国际经济结构调整升级带来的机遇，进一步调整和优化产业、需求、城乡、区域、要素五大结构，转向平衡增长之路。

（二）外开放战略支撑高质量发展

今后的世界是更加开放的世界，中国的战略机遇期对于全球来说，也是一次难得的发展契期。中国将进一步扩大开放的范围和力度，推动对内对外"双开放"，促进外资请进来和中资走出去的"双联动"，实现全球经济和国内经济的再平衡，让世界从中国新一轮改革开放中获得新的市场空间和投资机会，实现中国与世界普惠共赢的国际经贸交往新模式。其具体表现为：

一是以自贸战略为核心，共建互利共赢合作网络。目前，中国已与东盟、巴基斯坦、智利等国家和地区签订了12个自由贸易协定，贸易总额超过了中国进出口总额的1/4，对已建交最不发达国家近5000个税目商品实施进口零关税，并正与澳大利亚、海湾阿拉伯国家合作委员会等进行区域贸易协定谈判。自贸区战略还由国际延伸到国内，中国以建立上海自贸区为切入点，积极推动国内贸易、投资、金融体制在更高水平上与国际规则接轨。建设面向国际市场的若干个金融创新框架与平台，参与制定符合国际化、法治化、公平化要求的跨境投资、贸易规则新体系，将为助推中国经济下一轮的长期增长铺平道路。

二是以对外投资和吸引外资为重点，打造对外开放新格局。广阔的本土市场、完善的基础设施和齐全的产业配套，将使中国成为吸引全球跨国公司海外投资的首选目的地。中国将进一步放宽外商投资准入，推进服务领域的投资自由化，将外商投资项目由核准制改为备案制，将外商投资企业合同章程审批改为备案管理。外资准入大门的进一步打开，将吸引更多的国外高级生产要素，如技术、人力资本等来到中国。2013年，中国非金融类对外直接投资达到901.7亿美元，同比增长16.8%，成为FDI流出量最大的发展中国家。境外投资规模不断扩大，使我国在国际产业转移中的角色发生了变化，即由单纯的产业转移承接国逐步转向资本双向流动的国家。未来，中国将构建跨境的生产和贸易供应链、跨境的金融供应链、跨境的基础设施供应链、跨境的人才供应链与跨境的公共服务供应链，以大幅度降低中国和周边地区的互联互通成本，继续推动更大范围的开放。

三是以跨区域互联互通为突破口，增进世界经贸大融合。中国经济过去主要依靠"珠三角"、"长三角"、"京津唐"这三个点支撑，经过这么多年的发展，中国正在形成新的战略支点，进入了多点支撑的时代。全球新一轮基建投资大潮，对通信、港口、交通等基础设施需求量非常大。中国将在海外设立零部件和研发基地，通过价值链重构带动周边国家经济发展，促进各国的经贸融合、包容互信。

（三）创新驱动战略支撑高质量发展

科技进步一直在前行，产业变革也从未停

步，创新永远是经济发展的永恒动力。当前，全球经济仍未完全走出危机，但世界各国早已纷纷寻找新经济增长之路，以 3D 打印、大数据技术等为代表的新一轮科技革命和产业革命正在兴起，世界性变革突破的能量正在不断累积，世界正在进入一个创新密集和新兴产业加速发展的时代。中国正在新一轮全球创新大潮中努力寻找创新发展的"新坐标"。近些年，中国不断加大创新投入，中国研发支出占全球比重从 2000 年的 2.2%上升至 2011 年的 14.5%。除了华为、联想、腾讯等在国际上有一定影响力的知名科技企业，中国也不断涌现出越来越多的中小型创新企业。未来，中国政府还要进一步加大创新投入，鼓励由企业牵头创建"产学研"协同创新联盟，全面拓展企业融资渠道，培育孵化器，吸引高端人才集聚，积极打造具有世界影响力的产业集群，促进创业繁荣、创新驱动、结构升级，形成新的综合竞争优势。

中国与世界共渡"结构转型期"，中国问题

既是全球性问题的一部分，也是全球性问题解决之道的一部分。中国有句古话："行百里路半九十。"当下，中国改革还没有走到九十里，可能刚刚走完五十里。我们必须忘却曾经有过的成绩，铭记那些宝贵的经验和教训。世界发展大势不容中国改革有任何犹豫、迟疑和后退，无论前方遇到多大风浪，中国经济全方位、深层次的改革之路都必须坚定地走下去，只要改革不停步，就意味着进步。我们坚信，在新的全球背景下，哪个国家实现了效率的提升和增长潜力的提高，哪个国家就能更快地调整好自身结构以适应全球发展新格局，也就能在新一轮的全球经济竞赛中胜出。